山の旅人

冬季アラスカ単独行

栗秋正寿

閑人堂

この本を読まれる方へ

これから、私が二十五歳のときに体験した旅を紹介します。当時から「山の旅人《たびびと》」と自称していた若輩は、二つの旅を「垂直の旅」「水平の旅」と名づけました。

「垂直の旅」とは、冬季デナリの単独登山。厳しいアラスカの冬山を、たったひとりで垂直方向に移動していく旅です。

「水平の旅」とは、リヤカーを引いて徒歩で太平洋側から北極海まで、さまざまな人々に出会い助けられながら、アラスカを水平方向に移動していく旅です。

この二つの冒険旅で、私は実にさまざまなことを経験し、そして学びました。その時々の出来事や感じたことを多くの方々にお伝えできたらと思い、ここに記します。

私はこの旅の後も、冬のアラスカ三山に単独行で挑み続けています。新版ではその記録の一部を「それからの旅」として巻末に追加しました。

また、二〇一五年に北米最高峰マッキンリーの名称が正式にデナリ（現地名）となり、標高も更新されたことに合わせて、この新版でも「デナリ」（６１９０ｍ）に変更しました。

目次

本書は『アラスカ 垂直と水平の旅』（二〇〇〇年、山と溪谷社）を増補した新版です。旧版部分は原則としてそのまま再録しましたが、記述・表記の一部を変更し、写真や地図を追加しています。

垂直の旅——冬季デナリ単独登山

雪洞内から見たデナリ

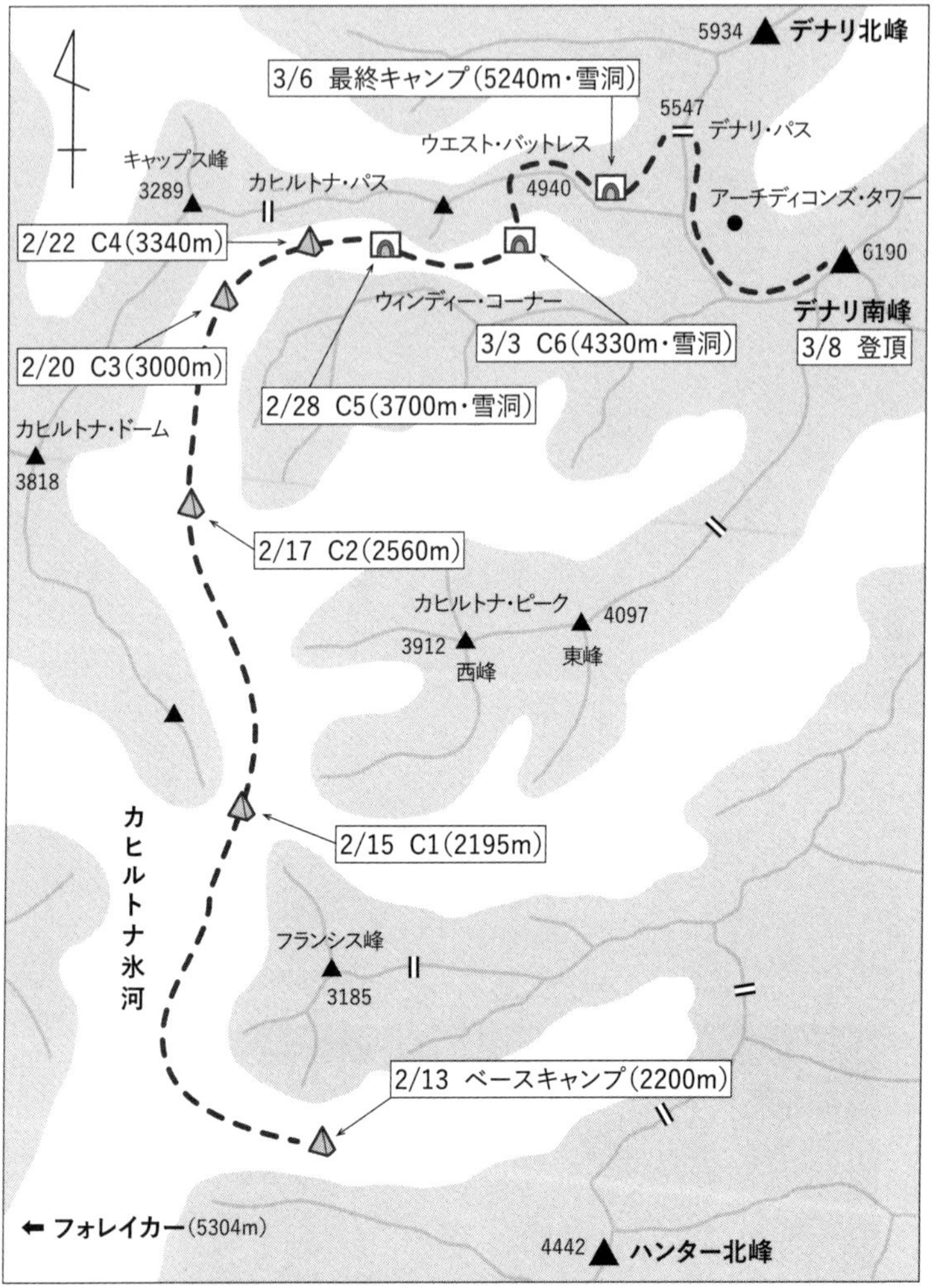

1998 年の冬季デナリ単独登頂ルート

アンカレッジで入山準備

一九九八年二月八日午前九時、私はひとり、アラスカ州アンカレッジ国際空港に降り立った。韓国のソウル経由便で福岡国際空港を発ってから、すでに12時間が過ぎていた。

日本からいちばん近いアメリカ、それがアラスカ州である。東京―アンカレッジ間の距離は5568キロであり、東京―ホノルル間より約550キロ短い。シーズン中に運航される、成田からアンカレッジへの直行便を利用すれば、飛行時間はおよそ6時間半と短いが、シーズン以外の乗り継ぎになると、やはりそれなりに時間がかかる。

ここアンカレッジの歴史は、二〇世紀の初めにアラスカで起こったゴールドラッシュの恩恵を受け、アラスカ鉄道の建設基地がこの地に置かれたことに始まった。現在アンカレッジの人口は約二六万人。アラスカ最大の商業都市となり、アラスカ観光の玄関口として賑わっている。

私がアラスカに持ち込んだ荷物の重さは、合計146キロ。登山装備が入った70リットルの大型ザック、食料が入った180リットルのダッフルバッグ、山スキーと目印の赤旗用の篠竹が入ったスキー袋、そして折りたたみ式リヤカーが入ったダンボール箱などである。

空港には、加藤京子さんが迎えに来てくださった。あいにく、ご主人の逸郎さんはフェアバンクスでお仕事中とのこと。

アラスカには三年前から毎年訪れているが、いつも最初にお会いするのは、加藤夫妻のどちらかである。逸郎さんは、アンカレッジ市内の自宅で旅行会社とB&B（ベッド・アンド・ブレックファーストの民宿）を経営している。

加藤さんとのおつきあいは、デナリ登山経験をおもちの旧八幡大学（現九州国際大学）山岳部OB・山下健夫さんからの紹介がきっかけだった。私がアラスカを旅するときはいつも加藤さん宅に現地連絡先になってもらい、協力していただいている。

雪化粧したアンカレッジでの三日間は、加藤さんのB&Bを拠点に入山準備を進めていった。京子さんが運転する車で、食料と登山装備の買い出しに行く。

購入した主なものは、乾燥米1キロ、砂糖6キロ、ドライフルーツ2キロ、ミックスナッツ2キロ、フルーツ缶詰八個、丈夫な紙筒に入ったポテトチップス五缶、トイレットペーパー五巻、フリーザーバッグ四〇枚、ホワイトガソリン26・5リットル、山スキー一セット、小型無線機、コンロの修理キット、絵はがき一〇〇枚などである。

加藤夫妻の長女の真理子さん、長男の健太君、次男の聡君の三人には、山ほどある食料の計量や袋詰めを手伝ってもらう。この作業の合間には、みんなで行動食のチョコレートやビスケットの余りを食べたりした。これも三年前から変わらない、私の楽しみである。

登山計画書を提出するため、ダウンタウンにある日本総領事館に足を運んだ。職員の岩崎久和さんと佐藤寿徳さんが、今冬の気象やデナリの情報を丁寧に教えてくださった。おかげで次の二つのことがわかった。

・今年のアラスカは暖冬傾向にあり、例年に比べ雪が少なく、天候は安定している。
・昨年末からデナリに入山したロシア隊は、今年一月十六日に登頂した。登頂時の気温はマイナス30度、登頂日の日照時間は5時間41分。十二月二十一日に入山、一月二十一日に全員が無事下山した。

どうやら今年の冬のデナリは、好条件に恵まれているようである。

こうして、アンカレッジでは皆さんのおかげでスムーズに入山準備を終えることができた。実際に入山するのは私だが、皆さんの協力があってこその山旅だと、いつものことながら実感する。

タルキートナに移動

二月十一日午前十時、友人のトム・マチューーガさんの車で、デナリの登山基地タルキートナの町に向かった。車内には、山のような登山の荷物と、加藤夫人が作ってくださった二人分の弁当を載せている。一望千里の銀世界のなか、除雪されたハイウェーを車で飛ばしていった。

トムさんの運転でタルキートナに移動するのは、これで三度目。三年前の夏に加藤さんからトムさんを紹介されてから、こうしてトムさんに送ってもらうのが恒例となりつつある。

フィッシング・ガイドのトムさんは、母親の経営するB&Bや編み物・土産物店の手伝いをしている。これまで、彼にプライベートでサーモン釣りに連れて行ってもらったり、母親のスー・マチューーガさんから夕食に呼ばれたりと、良くしていただいている。2時間半ほどのドライブでは、一年ぶりに再会したトムさんと話が弾んだ。

アンカレッジから北へ約180キロ車を走らせると、人口三六六人の静かな町・タルキートナに到着する。二〇世紀初頭、タルキートナ山群の東に石炭や銀の鉱山が開発されたことで栄えた町である。町の名前「タルキートナ」は、アラスカ先住民であるインディアンの言葉で、〝川が出合う場所〟を意味する。チューリットナ川、タルキートナ川が、ちょうどここタルキートナで主流のスーシットナ川と合流している。

デナリに南側から登るには、この町から軽飛行機に乗り、1時間ほど北上してベースキャンプに入っていく。

まず、町の中心街にあるレンジャー・ステーションで入山手続きをした。それから、セスナ機をチャーターするために、ダグ・ギーティング航空の事務所で搭乗手続きをすませる。

アンカレッジに戻るトムさんと握手を交わし、二カ月後の再会を約束した。

二月十一日、十二日と天候が悪く、オーナー兼パイロットであるダグ・ギーティングさんの好意に甘え、彼のお宅でフライト待ちとなる。

フライト待ちの間、私は町をぶらついた。ここタルキートナでは、私はピザレストラン「マッキンリー・デリ」に立ち寄ることを恒例としていた。この店で私が注文するのは、すべての具をトッピングした「マッキンリー」のLサイズと決まっている。今年もデナリでの山旅の安全を祈願して、ぶ厚いマッキンリー・ピザを頬張った。

いざ、アラスカ山脈へ

二月十三日、前日までの曇天が嘘のように、雲ひとつない青空となる。

ブッシュパイロットのダグ・ギーティングさんの隣に私が座り、その後ろには100キロ余りの荷物をバランス良く積み込んでいる。「ブッシュパイロット」とは、山岳地帯などの辺境地を自由自在に飛行できる、特に優れたベテランパイロットのことである。

このセスナ機はタルキートナの飛行場から車輪で離陸するが、ベースキャンプになるカヒルトナ氷河上にはスキーを使って着陸する。パイロットは飛行中に手動レバーを使って、氷河着陸用のスキーを車輪の下に降ろすのである。

「マサトシ、準備はいいかい?」

「オーケーです、ダグさん」

午後十二時二十分、真っ赤なセスナ機が真っ白に凍りついた滑走路を、爆音とともに飛び立った。目的地は、タルキートナから約100キロ離れた、カヒルトナ氷河南東支流にあるデナリのベースキャンプ(2200m)である。飛行時間は、およそ1時間。

離陸して真っ先に、綿帽子を被ったトウヒ(エゾマツ)の森の切れ間から、スーシットナ川の白く凍った川面が目に入る。そして振り返ると、タルキートナの飛行場と家並みがおもちゃのように小さく見下ろせた。

ダグさんの操縦するセスナ機は、タイガ(北方針葉樹林帯)とアルパイン・ツンドラ(高山性の凍土帯)の銀世界を離れ、青空へとぐんぐん高度を上げてゆく。

30分も飛行すると、アラスカで最も人気の高い景勝地、デナリ国立公園に入る。公園とその周辺の保護区を合わせると、約2万4400平方キロ(日本の四国以上)を誇る広大な自然保護地域になっている。

アラスカ山脈の山麓にさしかかると、「リトル・スィッツァーランド」と呼ばれる、雪をまとった岩峰群が現れる。さらにセスナ機は、右前方にルース氷河とトコシトナ氷河、左前方にラクーナ氷河を見ながら、カヒルトナ氷河の上空を北に飛んでいく。

「マサトシ。さっき事務所に連れて来ていた私の飼い犬『ラクーナ』の名前は、このラクーナ氷河からとったんだよ」

説明するダグさんの声が、ヘッドホンを通して聞こえてくる。

私たちが乗ったセスナ機は、次第にアラスカ山脈の懐へと入っていった。

今にも雪崩が起きそうなアバランチ・スパイアー（「雪崩の尖頂」の意・３０８０ｍ）を左側に、難峰ハンティントン（３７３１ｍ）を右奥に眺める。

そしていよいよ、「アラスカ山脈の御三家」といわれる峻険な三つの山が、威圧感をもって大きく迫ってくる。

前方左からフォレイカー（５３０４ｍ）、ハンター（４４４２ｍ）、そしてひときわ高く、大きくそびえるのが、北米大陸最高峰のデナリ（６１９０ｍ）である。厳冬期二月のデナリをこうして望むのは、ちょうど一年ぶりだ。これまでにも増して、懐かしい気持ちが胸に込み上げてきた。

デナリは、アラスカ州の北緯63度04分10秒、西経１５１度00分27秒に位置する。山名の「デナリ」とは、アラスカ山脈周辺や内陸部に住んでいたアラスカ先住民の言葉で、「偉大なもの」「最高峰」「王者」などを意味する。太古の昔から人々に崇められている秀麗な山だ。なお、旧名の「マッキンリー」は、一八九七年、アメリカの第二十五代大統領であるウィリアム・マッキンリーにちなんで名づけられた。

「マサトシ、ラッキーだよ。外はそれほど寒くないようだ。おそらく、ベースキャンプでマイナス20度ぐらいだろう」

操縦桿を握るダグさんが、こちらを見て笑っている。

機内からガラス越しに、雪と氷を戴いたデナリの雄姿を見上げる。眼下には、幅5キロにも及ぶカヒルトナ氷河の真っ白な雪の絨毯と、真っ青な氷のクレバス（氷河の深い裂け目）が広がっている。

セスナ機はカヒルトナ氷河に着陸するため、だんだんと高度を下げ始めた。真っ白な雪面をじっと見ていると、途方もなくスケールの大きな氷河に吸い込まれていくような感覚に陥る。

渦のようなその感覚のなかで、私は自問した。

なぜ、私は今、ここにいるのか？

どうして、ひとり冬のデナリを目指そうとするのか？

そもそもなぜ、私は山を旅するようになったのか……？

すべては一本の映画から始まった

私が山旅を始めるようになったのは、十五歳のときに観た『ラブ・ストーリーを君に』という一本の映画がきっかけになっている。大学山岳部の主将と、不治の病に冒された少女との、切ない恋のストーリーを描いたものだ。

そのラストシーンでの悲しい結末に北アルプス西穂高岳の美しい夕景色が重なり、私は強く感動した。

この映画を知ったのは、中学卒業後の春休みに同窓生の有田宜至《のりゆき》さんが、「クリ、チケットが手に入ったから、一緒に映画に行こうよ！」と誘ってくれたことからだった。実はそれまで、私はこの映画の題名すら知らなかった。だから、あのとき有田さんが声をかけてくれなかったら、今の私はなかったかもしれない。

それまでは、高校に入学したら、かじったことのある吹奏楽部かバドミントン部にでも入るつもりだった。しかし、この映画に出会ってからは、「あんな山の景色をこの目で見てみたい！」という思いがつのっていった。

福岡県立修猷館《しゅうゆうかん》高等学校に入学して真っ先に、私は山岳部の門を叩いた。

入部当時の山岳部員は一六人。夏合宿では北アルプスを縦走し、雪渓滑りや大パノラマを満喫した。秋は紅葉の九重《くじゅう》連山（大分県）に登り、山歩きだけでなくキャンプファイヤーや温泉も楽しんだ。そして冬は伯耆《ほうき》大山《だいせん》（鳥取県）に出かけ、登山のほかにもソリ滑りやスキーで雪と戯れた。さらに春は大崩《おおくえ》山・傾山《かたむき》（大分県・宮崎県）に赴き、道中は渓流でヤマメ釣りに夢中になった。

自由な気風のクラブであり、部員はみな自主的に活動していた。毎回、自分たちで計画を練ったので、山行の達成感もひとしおだった。

もちろん、バテてしまっては山を充分に楽しめないので、日々のトレーニングを欠かさなかった。放課後は、部員みんなで6～10キロのランニング、腹筋、背筋、腕立て伏せ、スクワットなどの筋トレをした。また、荷物が最も重くなる夏合宿の前には、石や砂袋でザックの重さを25～35キロにして、近郊の山々を二日かけて縦走し、歩荷《ぼっか》訓練をした。また、夏以外の合宿の前は、毎季行われる山岳競技大会の練習も兼ねて、重さ約20キロの歩荷訓練を行った。

修猷館高校１年生の山岳部夏合宿。北アルプスの槍ヶ岳をバックに。雪渓の雪で作ったかき氷の味は格別だった（手にカメラを持っているのが私）

なかでも、高校二年の夏合宿前に経験した重さ51キロの歩荷訓練は、今でも忘れることができない。雨のなかを一泊二日かけて、若杉登山口〜若杉山（681ｍ）〜三群山《さんぐん》（936ｍ）〜宝満山（829ｍ）〜太宰府駅と、全行程およそ21・5キロを歩き、ようやく学校に戻ってきた。

実のところ、この歩荷訓練こそが、私の山旅のなかで最も消耗した記憶になっている（この経験が、後にアラスカ登山で重さ50キロの荷上げに役立つとは、もちろん当時は知るよしもなかったが……）。

このように、大変なトレーニングはあるものの、のびのびとした山登りは私の性分にもぴったり合ったようだ。当時、正顧問をされていた佐々木英治教諭をはじめ、副顧問の教諭の方々、先輩や同期生、そして後輩たちとかかわりながら、私はどんどん山にのめり込んでいった。

高校山岳部での活動を続けるなかで、私は山の楽しみ方を身につけていった。今も変わらず「山旅をいかに楽しむか」というのが、私のモットーになっている。

部員数が一挙に二倍に！

一九九一年四月、北九州市にある九州工業大学工学部電気工学科に入学。さらに本格的な冬山やロッククライミングもやってみたいと、期待に胸を膨らませて大学の山岳部に入部した。ところがそこには、「部員が一人だけ」という現実が待っていた。

九州工業大学山岳部は、同大学の前身・明治専門学校（明治四十二年開校）の時代に発足した、日本でも指折りの大学山岳部といわれている。しかし、部員が次第に減り始め、やがて入部者がゼロになり、一九八〇年代後半から数年間は休部の状態が続いていた。

やがて一九八八年、入学した武田浩卓《ひろたか》先輩がたった一人で山岳部を復活させ、部員がまったく増えないまま三年間活動をされていた。しかし一九九一年に私が入部したことで、一挙に部員は二人（つまり二倍！）になった。快挙である。私は、ガッツのある武田先輩の志と人柄に惹かれていた。

嬉しい兆候は続く。一九九二年に一人が入部し、一九九三年三月に武田先輩は卒業されたが、同年四月には四人が入部。そして一九九四年には一人が入部し、総勢七人になった。

クラブ活動では、まず、顧問の中島克洋教授が、ロープの結び方も知らない私たちに、皿倉山（北九州市）にある岩場で岩登りの基礎を教えてくださった。その後、私は富山県の文部省登山研修所主催「大学山岳部リーダー研修会」に参加。春山で雪上技術、夏山の岩登り、冬山での山スキー、そして遭難救助と四つの研修会をとおして、技術や危急時対策などを学んだ。

例えば、五月の北アルプス剱岳（２９９９m、富山県）で行われた春山研修会では、雪洞ビバーク

1992 年夏、北アルプス奥穂高岳にて。九州工業大学山岳部の唯一の先輩であった武田浩卓さんとともに

1993 年には部員数が一挙に 6 人に増えた。北アルプス剱岳での夏山合宿中のカット

（緊急露営）訓練があった。行動中に猛吹雪になったと想定し、ひとりがやっと入れるくらいの小さな雪穴を短時間にピッケルで掘り、実際にその中で一夜を明かすのだ。このような訓練は、雪山での天候急変に対処する自信につながっていった。

参加したすべての研修会が、山をうまく登ることよりも、どうやって危険を避けていくか、また、緊急時にどのように対策をとるかを、実践的に学ぶものであった。講師の方々の山への情熱を知り、また、他大学の学生とも交流しながら、「よし、ゼロからのスタートだが、自分たちなりに精いっぱいやってみよう！」とおおいに励みになった。

研修会に参加した後は、普段のトレーニングに岩登りを追加した。平日には、ほぼ毎日8キロから10キロのランニングと筋トレを、さらに週末には、近郊の山で歩荷や岩登りのトレーニングをみんなで行った。そして、これまで縦走だけだった合宿を、縦走と登攀（岩、雪、氷の壁をよじ登ること）を組み合わせたものに少しずつ変えていった。これらの活動の間、山岳部顧問の兼田楨宏《もとひろ》教授と中島教授が、いつも私たちを温かく見守ってくださったのは、本当にありがたかった。

山岳部の合宿では、みな和気あいあいと山旅を楽しんでいた。ここに、とっておきのエピソードを紹介したい。それは、一九九二年夏に北アルプスへ一緒に登った山岳部員Kさんのことである。

その日は私が朝食当番だったが、なぜかKさんが先に起き、朝食に「棒ラーメン」（そうめん状に束ねられたインスタントラーメン）を作ってくれていた。

「栗秋さん起きてください、棒ラーメンができました！」

と、Kさんは嬉々として私の器についでくれる。

寝ぼけ眼で器の中を見た私は、急に目が覚めた。錯覚であってほしいと願ったが……現実だった。器の中には、一本の太い麺の束が浮いているのだ。彼は棒ラーメンを作るのがこのとき初めてだったらしく、麺を束ねたテープをはがさず、そのまま鍋に放り込んでしまったようだ。彼は、本物の「棒ラーメン」を作る筋金入りのシェフであった——。

失った指先

山岳部で二年三年と活動を続けていくなかで、私はいつしか、国内では経験できない高さや氷河を抱いた海外の山を夢見るようになった。標高5000メートル、6000メートルとは、いったいどんな世界だろうか。幅が何キロにも及ぶ氷河とは、どういう所なのだろうか。

それは、ただ漠然とした憧れにすぎなかった。なにしろ経験不足で、登山技術が未熟な私にとってはとうてい無理なことだろうと、初めからあきらめていたのだ。

ところが、私にとって大きな転機が訪れた。一九九四年十月八日、大学四年のとき、私はオートバイを整備中に事故を起こしたのである。

一九九四年十二月に石鎚山《いしづち》（愛媛県）北壁、一九九五年三月に大山（鳥取県）北壁を登った後、私は次のような文章を書きとめている。

あの日の事故を　私は一生忘れない
九四年十月八日　午後二時四十五分に起こしたことを
学内でオートバイ整備中に、誤って右手の人さし指の先を挫断

一週間の入院中、ショックでかなり落ち込んだ
最初は、何もかもがいやになった
だが、大好きな山をやめたくはなかった
山が好きだ！
山旅をあきらめては自分は終わりだ！
指先を失って三週間後に山のトレーニングを再開
リハビリもして、右手の握力をなんとか元に戻した
その後、山岳部の冬山、春山合宿に参加した
とても寒く、傷跡がじんじんと痛む
しかし、リード（注1）やサポートをしてくれた山岳部員全員のおかげで、
凍りついた岩壁をよじることができた
これがきっかけで、失いかけた希望と自信を少しずつ取り戻していった
そして、これまでただ憧れにすぎなかった海外登山を実現しようと、
今年の夏（一九九五年七月）、アラスカの山デナリに登るという目標を立てた
これからも、私の山旅への夢は絶えることがないだろう
山岳部員の皆さん、本当にありがとう
希望と自信を私に与えてくれて

この事故を起こしたことで、私の山旅に対する思いが強まり、「海外の高い山に登りたい」という

自分の気持ちを実現しようと努めるようになる。もし仮に、この事故を起こしていなければ、当時の私はそんなことは考えなかっただろう。事故をバネにしてアラスカの山を旅していくようになるとは、私自身今でも不思議に思う。

一九九五年四月から九州工業大学大学院に進学が決まっていた私は、その年の夏休みを利用し、山岳部で海外登山をしてみたいと思った。

実のところ、初めは「世界の屋根」と呼ばれるヒマラヤ山脈の5000メートル峰や6000メートル峰を考えた。しかし、夏期休暇に入る七月はヒマラヤ山脈はちょうど雨季で、登山に向かない。ヒマラヤは断念した。

次に考えたのがアラスカとカナダだった。私は、高校山岳部OBの横田隆先輩から新田次郎の著作『孤高の人』を紹介していただいたのがきっかけで、『アラスカ物語』(同著)を読むに至った。そして、そこに描かれている北極海やツンドラ地帯、ブルックス山脈、そして野生動物など、その大自然に強く惹かれていたのだ。

アラスカやカナダの山のなかで情報量が最も多かったのが、北米大陸最高峰であるデナリだった。偶然にも近くの登山用品店や社会人山岳会の方のなかに、デナリ登山の経験者がいたので、最近の詳しい情報を得ることができた。

標高6190メートルのデナリは、北極圏に近い高緯度に位置するため、空気の層が薄く、気圧面では低緯度にある6800~7000メートル峰に相当する。そのため高山病をはじめ、強風や寒気による気象遭難や凍傷の事故などが頻繁に起きている。また、デナリの登山シーズンは通常五月から七月までとされているが、例年七月の終わりごろから氷河のクレバスの状態が悪くなるため、七月は早めに下山したほうが無難なようだ。

さらに、シーズン中は白夜の現象が起こるので、長時間の行動には有利である。ベースキャンプとなる氷河までのアプローチに軽飛行機が使えるため、登山期間が三週間程度ですむ。夏休みを利用するには都合がよく、コストも低く抑えられる。加えて、デナリの登山ルートのなかには、技術的に特に困難ではない一般ルートがある。こうしたことを踏まえて、期間や費用に制約のある私たちにも、デナリ登山はなんとか可能だろうと判断した。

こうして、指の事故から半年後の一九九五年四月、単なる夢だった海外の山旅を、九州工業大学山岳部のデナリ登山という形で実現しようと決意できたのである。

なお、事故当時、つきっきりでお世話をしてくれた同期生の上江川浩一さんをはじめ、何度となく励ましてくれた学生寮や研究室の皆さんには感謝の意を述べたい。

（注1）ロープを使う登攀で、チームの先頭に立ってルートを確かめながら登ること。

初めてのデナリ

一九九五年七月に訪れたデナリは、九州工業大学山岳部として初めて計画した海外登山ということもあり、最初は山岳部員の大半で訪れるつもりだった。しかし、大学院の入試や短期留学、学生寮の行事など、さまざまな事情で遠征に参加できない部員もいて、最終的には、私と一年後輩の河《か》原畑《わらばた》健さんとの〝海外登山初体験コンビ〟でトライすることになった。

デナリに向けての身体づくりとして、北アルプスなど残雪の山での合宿も考えてみたが、準備期間や費用に余裕がないため実現は難しく、おもに大学周辺でのトレーニングを行うことになった。山岳部での普段の練習のほか、近郊の山では距離20キロの歩荷訓練や30キロのランニング登山、また、登り坂がある全行程30キロの自転車走行などもした。

次に、独自のアイディアで行ったトレーニングを紹介したい。

シーズン中のデナリ下部では、日中は氷河の輻射熱で気温が20度近くまで上がる一方、朝方にはマイナス10度からマイナス20度まで冷え込むことがある。一日で30～40度という激しい気温差のために、入山後に体調を崩してしまう登山者もいることを知った。

そこで、気温差や耐寒の訓練、防寒装備のチェックなどのために、五月下旬からおよそ一カ月間、マイナス25度の水産用冷凍庫に平均週に二回ほど入った。このときは日中の気温が30度前後だったので、一日に55度の気温差を体験したことになる。冷凍庫でのトレーニングを続けていくうちに、激しい気温差や低温にも少しずつだが慣れていった。

クレバス転落時のタイトロープビレイ（注1）の練習は、学内の砂場を利用した。砂場を氷河上と想定し、そこにアイゼン（注2）をつけピッケルを持って立つ確保者一人と、20メートルほど離れた位置に直列に立つ二人を、長さ30メートルのロープ一本で結びつける。次に二人は、たるんでいるロープを引っ張る方向に10メートル分を走ってもらい、確保者に衝撃が伝わる瞬間に、確保者が片足を前に出し、アイゼンの爪を立て、しゃがみ込んでピッケルを砂場に刺して二人を止めるというものである。

二人を止めるときのショックには実際に雪山で確保を訓練したときの感覚と似たものがあり、練習を重ねていくうちに私たちはタイトロープビレイの感覚を身につけていった。

また、近郊の岩場や学内の階段などを利用して、クライミングロープの扱い方を確認しながら、クレバス転落時の脱出と救助の訓練を行った。登高器具をロープにセットして登っていく自己脱出、また、救助者がロープを使って転落者の脱出を補助する方法など、いろいろなケースを想定して訓練した。

さらに、岩場でのロックハーケン（注3）や階段手すりの支点を、氷河上で使用するピッケルやスノーバー（注4）などの支点に置き換えることで、実際の脱出や救助をイメージしながらの訓練ができた。

九州工業大学の鳥井正史教授と産業医科大学のご協力により、六月中旬に一度、産業医科大学にある減圧タンクに入ることができた。私がタンクに入ると、標高6000メートルと同じ気圧条件になるまでタンク内が徐々に減圧される。目標の気圧に達したのをみて10分ほどエルゴメーター（自転車）をこぎ、心拍数を測定していただいた。

タンク内に入ったのはほんの1時間ほどであり、一度の経験では高所に順応する効果はほとんどない。しかし、デナリと同じような低圧（高所）環境を体験できたことで、未知の高度に対する不安がほんの少し和らいだ。

このように、温暖な福岡でも可能な限りのトレーニングに励んだ。もちろん、このデナリの山旅も、高校・大学山岳部OBの方や社会人山岳会の方、そのほか多くの方々から、資金援助、装備の貸し出し、情報提供などをしていただくことで実現したのだった。

（注1）氷河の歩行で、ロープで結びあった二人が互いにそのロープを適度に張りながら行動し、先頭

者がクレバスに転落した際、後続者が瞬時にアイゼンとピッケルで転落者を止める確保法。
（注2）氷雪上の滑り止めとして登山靴の底につける、爪のついた金具。
（注3）ロッククライミングの際、岩の割れ目に打ち込んで確保の支点にする釘状の用具。
（注4）雪面に刺したり埋めたりして支点にする、長さ70センチほどの金属製の杭。

二つのデナリ

一九九五年七月一〇日、デナリの一般ルートであるウエスト・バットレス・ルートから、河原畑さんと二人で入山。それから二週間後、待望のアタックチャンスを得た。

七月二十四日午前十時三十五分、デナリ南峰を目指して最終キャンプ（５２４０ｍ）を出発。それから6時間の登りで、ついにデナリが霧の中から姿を現した。最後の登りにかかる手前でザックを置き、カメラや旗などを持って頂上へと向かった。

午後五時、霧であまり視界がきかないなか、急峻な頂に河原畑さんが立った。約20メートル下から彼をロープで確保していた私も、それを見て感激に浸っていた。

その直後、あたりの霧が晴れると、目の前には思いもよらない光景が現れた。さらに２００メートルほど高い大きな山が、二人を見下ろすようにそびえていたのだ。直線距離にして南東に約１キロ。

河原畑さんが叫ぶ。

「あれがデナリでは……！」

感激は風速15メートルの強風とともに吹き飛び、興奮もマイナス20度の寒気とともに一気に冷めた。足元の山はデナリ南峰ではなくて、なんと！　その手前にあるアーチディコンズ・タワー（５９９０ｍの岩峰）のてっぺんだったのだ――。

ショックのあまり、私はしばらく呆然と立ちつくしてしまった。全身から力が抜けていく。このデナリ登山を思い立ってから現在に至るまでの出来事が、走馬灯のように頭の中を駆けめぐった。

そして迷った。今からでも登るべきか、それとも引き返すべきかを……。

もし下って明日以降に再度アタックするなら、もう一度最終キャンプに食料の荷上げをしなければならない。しかしその間、天候に恵まれる保証などどこにもない。

霧が再び出てきたが、ある程度の視界はきいている。チャンスを生かして進むべきと判断したいのだが……。先ほどのショックが大きいせいで、すぐには決断をしかねていた。

そこで、私は河原畑さんに聞いた。

「ガスの様子を見ながら、登れる所まで登ろうか？」

「行きましょう！」

と、彼はあっさりと答えた。

後から聞いた話では、山頂を勘違いしたことは、実は河原畑さんにとってはショックでもなんでもなかったらしい。というのも、岩登りの練習では二人でペアを組むことが多かったのだが、先頭を登る私がルートを間違えることがたびたびあったのだ。「栗秋と登ると道を間違う」というジンクスまであったほど。その〝実績〟のおかげで、デナリが現れたときも、河原畑さんにはいつもの「またか……」という思いがよぎるだけだった。だからこそ〝ニセもの〟とわかっても平静でいられたのである。

ともかく、彼のひと言で踏ん切りがついた私は、〝再び〟南峰を目指すことにした。

霧が少し晴れた時点で、私たちコンビは本丸を目指した。途中に置いてきたザックを取りに往復したことで、予想以上に体力や時間を使ってしまった。

このとき初めて、私は河原畑さんにトップを交代してもらった。登っていく私のペースがだんだんと落ちていく。だが、河原畑さんの「クリさ～ん、頑張って！」という明るい励ましのおかげで、どうにか元気が出てきた。

午後十時四十分、白夜のなか、デナリ南峰（6190m）に到達。霧、疾風、気温マイナス25度。夕日に映えるフォレイカーとハンターが、霧の向こうからこちらを見上げている。また、デナリ北峰（5934m）は、広大な雪原を挟んでここ南峰と対峙している。

頂上を間違えたショックが抜け切らないからか、または疲労困憊のためか、それとも夕焼けが美しすぎるのか――。山頂にいる私には「ああ、登った……」との思いがめぐるだけで、達成感からくるであろう嬉しさのかけらもなかった……。

約12時間かけて達した山頂にも、わずか5分で別れを告げた。このあと最終キャンプに戻ったのは、翌日の午前二時十分。白夜の世界が、15時間半にも及んだ私たちの行動を可能にしたのだった。

初めて訪れた夏のデナリに、私は強く衝撃を受けた。そのスケールの大きさ、そして自然の美しさ、さらにその神々しさに。この深い感動を、いつまでも忘れることができなかった。やがて私は、再びアラスカを訪れたいと思うようになる。

当時、デナリは割合に天候に恵まれ、最悪のときでも北極圏特有の暴風雪までにはならなかった。しかし、夏季だというのに気象条件は日本の3000メートル級の冬山に匹敵していた。夏季でこれなら、冬季のアラスカ山脈は、いったいどれほど激しい気象になるのだろうか。冬のアラスカ山脈に対して、私はただ畏怖の念を抱くばかりだった。

単独、ハンターとフォレイカーへ

デナリに登山した翌一九九六年、私は大学院を四月から一年間休学した。アルバイトをしながら、再び海外の山を旅するためだ。就職する前に、今しかできないことを精いっぱいやりたいと考えたのである。

前年のデナリで、その背後に見えたハンター、フォレイカーの姿が強く印象に残っていた。そして、「この二つの山頂からデナリを眺めてみたい!」との思いがつのっていく。

最初から一人でアラスカに行くつもりではなかった。しかし、「休学して海外の山に登ろう」と大学山岳部の仲間を誘ったが、みなそれぞれに事情があって断られた。そこで、この一年間は一人で活動することにした。

一般にアラスカ山脈の気候は、六月が比較的安定するといわれている。そこで、当初はアラスカの山旅を五月下旬に予定していた。だが、私の姉が六月下旬に結婚することになり、式に出席するため、出発時期を四月下旬に早めたのだった。

一九九六年四月、私は単身、再びアラスカに飛んだ。アラスカ山脈にあるハンター(東稜ルート)、フォレイカー(南東稜ルート)の二峰を登るためだ。これまで、二週間の北アルプス単独縦走は経験しているが、およそ五〇日間にも及ぶ単独行はこのときが初めて。不安と興奮が交錯するなか、ハンターのベースキャンプ・トコシトナ氷河（2500m）に降り立った。

この山旅では、私の以前からの夢だった〝山旅とともに音楽を楽しむ〟ことを実行した。日本を発つ前日、福岡の楽器店でハーモニカを手に入れた。初めは、たて笛やオカリナも思いついたが、ぶ厚い手袋をはめることや指先を挫断していることを考え、演奏しやすいハーモニカに落ち着いた。私が初めてハーモニカを吹いた場所は、なんとアラスカ山脈の氷河の上だった。

私の登山日誌を紹介したい。

四月二十七日、ハンターの登山日誌（入山三日目、ベースキャンプ、2500m）。

「ベースキャンプで気温マイナス24度、そして大風雪。今日も停滞を余儀なくされる。入山後、さらに1・4メートルの降雪を記録した。小規模な雪崩の音をテント周辺で頻繁に聞く。時折起きる大規模な雪崩の凄まじい轟音から、冬の名残のアラスカ山脈にいることを実感させられた」

四月二十八日、ハンターの登山日誌（入山四日目、キャンプ1、2410m）。

「日付が変わるころ、ハンター北東稜の上に一番星を見つける。

昨年夏のデナリは白夜だったので、星を見ることはなかった。

今晩が、アラスカで星を見る最初の日。外は気温マイナス20度と寒いが、星の輝きを眺めていると、一日の疲れなどふっ飛んでしまった。

運が良ければ、オーロラも見えるのだが……」

五月十六日、フォレイカーの登山日誌（入山二二日目、キャンプ1、1900m）。

「雪のため、キャンプ1で停滞。

読書やハーモニカなどを楽しんでいると、一羽の小鳥がテントの中に入ってきた。無意識のうちにこの小鳥に話しかける。今日は小鳥一羽と会えた。ふと、昨日のページに目をやると、『今日はカラス二羽、クモ二匹、ハエ一匹と会えた』とあった……」

六月六日、フォレイカーの登山日誌（入山四三日目、キャンプ2、2470m）。

「九日ぶりにキャンプ2に戻ってくると、そこでは惨事が起きていた。埋めておいたはずの食料と装備が、キャンプ周辺に散乱していた。

ふと近くの岩へ目をやると、一つがいのワタリガラスがこちらの様子をうかがっていた。状況から判断して、雪が解け、埋めておいた食料と装備の一部が露出してしまい、それをカラスが襲ったに違いなかった。消失したものは、約五日分の食料、山岳部の後輩からの寄せ書き、ブリーフ、手袋、靴下など。

最初はカラスにひどく腹が立ったが、『彼らも生きることに必死なんだな』と思うと、次第に怒りが収まった」

結局、このときの登山ではハンターは3350メートル地点、フォレイカーは3460メートル地点で引き返し、両峰とも頂上までは到達できなかった。

その要因として、天候不順、雪と氷の険悪な状態、ルート変更による日程の遅れ、そして私の登山技術の未熟さなどがあげられる。

しかし、登頂には至らなかったものの、この四九日間の山旅では多くのことを学んだ。引き返すときの勇気。孤独な時間の過ごし方。さらに、大自然とのより強い一体感や、〝もうひとりの私〟との対話……。いちばんの成果は、冬の名残の四月から春の六月にかけて、アラスカ山脈の気候を体験できたことだった。

こうして、夏季とは異なるアラスカ山脈の自然の厳しさや美しさを知った私は、今までただ恐れるだけだった冬季のアラスカの自然に、興味を抱くようになったのだ。

運命的な出会い

「冬のデナリがどういう所か知りたい」という思いをより強くする出来事が、ハンターとフォレイカーから下山後に待っていた。タルキートナの飛行場で、偶然にも富山登攀クラブの多賀谷治さんとお会いできたのだ。

多賀谷さんは、一九九四年に私が参加した「大学山岳部リーダー研修会」で講師を務めておられ、山への取り組み方や人柄に私は惹かれていた。

その多賀谷さんは、一九九〇年二月のデナリに四人の隊で入山され、ウエスト・バットレス・ルートの4330メートル地点まで到達された。その経験をもとに、当時の気象や装備について貴重な情報をたくさん教えてくださった。それは次のようなものである。

- いったん吹雪やブリザード（地吹雪）になると、五日間は続いた。
- 悪天候で停滞が続き、4330メートル地点に達するまでに二〇日間を要した。
- 天候にもよるが、二五日間の登山期間では不充分だった。

・低温と日射のためか、デナリ上部のルートが青白い氷に見えた。
・フードに縫いつけた動物の毛皮は、強風下でとても有効だった。
・高価な寝袋でも、日ごとに少しずつ結露して凍っていった。
・凍ってしまった多くの装備を解凍するために、大量の燃料が必要だった。
・極寒により、カメラのフィルムが何度も切れた。
・山スキーのシール（登高用にスキー板の裏側に貼りつけるシート状の滑り止め）は、一度はがすと低温でなかなかつかなかった。

アンカレッジの宿では、偶然、亜細亜大学山岳部（当時）の野口健さんにもお会いした。野口さんはこのとき、デナリ上部にある自動気象観測器のデータを回収しにアラスカに来られていた。野口さんは帰国後、デナリの気象観測をされている日本山岳会科学委員の大蔵喜福《よしとみ》さんに、私を紹介してくださった。

大蔵さんは、一九九〇年六月からデナリの標高５７１０メートル地点に自動気象観測器を設置、年間を通じて気象観測をされている。

大蔵さんが気象観測を始められたのは、植村直己さんが一九八四年二月に、山田昇さんらが一九八九年二月に相次いでデナリで遭難されたことがきっかけとなっている。経験豊富な一流登山家の遭難は、強風や低温が原因の気象遭難と推測されたことから、「悲劇は二度と繰り返されてはならない」と、その原因究明に尽力されているのだ。

大蔵さんからいただいた、一九九〇年から一九九六年にかけての七年間の気象観測データは、想像を絶するものだった。ウエスト・バットレス・ルートの５７１０メートル地点での実測データのなかで、特筆すべき点をいくつか紹介する。

・最低外気温度はマイナス59・4度を記録（一九九五年十二月）。データ補正、高度補正をすると、同時期の頂上ではマイナス70度以下と推定される。

・最大風速は、三杯型センサーでは63メートル／秒（一九九〇年八月）、63・89メートル／秒（一九九五年二月。当時50メートル／秒以上の風が約7時間半にわたって吹いた。最大瞬間風速は、優に１００メートル／秒を超えると推測される）、プロペラ型センサーでは82・5メートル／秒（一九九四年七月、時速に換算すると２９７キロメートル／時）。どれもその前後には、丸一日から数日間、強風が吹き荒れている。

・最低気圧は約４３０ヘクトパスカルを記録（一九九五年二月）。夏季との気圧差を単純に高度換算すると、気圧面では冬季の頂上はおよそ９００メートルも高く、７０００メートルを超す山（頂上の酸素濃度は地上の約三分の一）に匹敵するといえる。

大蔵さんは、記録したそれぞれのデータを比較分析され、風速・気温・気圧などの変動が互いに関係している可能性を指摘された。特に、「気温・気圧が底をついた後に急上昇し、それに前後して強風が吹き始める」という過去の実例について詳しく説明された。そして、登山中の気温・気圧の値をグラフにつけ、その変化を把握することが、烈風を予測するには有効だとアドバイスをくださった。

また、野口さんが紹介してくださった植村冒険館・学芸員の内藤智子さんには、植村直己さんのデナリ遭難時の貴重な資料をお借りすることができた。そして、内藤さんが紹介してくださった群馬ミヤマ山岳会の八木原圀明《やぎはらくにあき》さんから、山田昇さんらのデナリ遭難時の詳しい資料をいただいた。

こうして、私にとっては運命的ともいえる出会いが重なった。多くの方々の厚意に導かれるようにして、冬のデナリの情報を得ることができたのだった。

ネパール・ヒマラヤでのトレーニング

一九九五年のデナリと一九九六年のハンター、フォレイカーの山旅をとおして、アラスカ山脈の四月から七月の自然を実際に体験し、さらに二月から三月のデナリの情報を得た私は、ますますこの山の冬に魅了されていく。

冬のデナリに向けて準備を進めるため、まず、一九九六年八月下旬、タルキートナにあるレンジャー・ステーションに、一九九七年二月からの登山申請をした。デナリ登山の申請は、入山の六〇日前までにすませればよいのだが、もし申請が通れば九月下旬からネパール・ヒマラヤでトレーニングをするつもりだったので、約五カ月も前に申請をしたのだった。

申請用紙と一緒に、「登頂する自信はありませんが、二月、三月のデナリがどういう所か知りたいのが第一の目的です」と手紙を書いた。ハンター、フォレイカーから無事に下山したことが評価されたのか、「OK」との嬉しい返事をもらえた。

次に、予定どおり9月下旬からネパール・ヒマラヤに旅立った。デナリ登山のウォームアップとして、高所順応と耐寒訓練を行うためである。

1996年10月、未知なる冬に向けてクーンブ地方をトレッキング。奥にエベレストとローツェが見える

トレッキング中に泊めてもらった、ターメ村に住むアン・ツェリン・シェルパさんの家族とともに

耐寒訓練として、登山中はテントの代わりにツェルト（簡易テント）や岩小屋（岩陰）に泊まり、上着も雨具ですませた。このネパールの山旅で体験した最低気温は、およそマイナス20度。

ネパールでは三カ月半ほどの間に、トレッキングとトレッキングピーク（トレッキング許可峰）の山旅を楽しんだ。サンスクリット語で「大いなる雪の住処《すみか》」と呼ばれるヒマラヤ。荘厳な8000メートル級の山々を仰ぎながら、充実した山旅を続けた。

世界最高峰サガルマータ（エベレスト）がそびえるクーンブ山域をトレッキングしながら、私は次のような行程をたどった。

- 十月二十一日、アイランド・ピーク（6160m）に登頂。
- 十月二十七日、ゴーキョ・ピーク（5360m）に到達。
- 十月二十九日、チョラ・ラ（5420m）の峠越え。
- 十一月六日、パルチャモ（6273m）に登頂。
- 十一月十一日、レンジョ・ラ（5417m）の峠越え。

（十月三日〜十七日、カルディン・シェルパさんらにサポートしていただく。十月十八日以降は単独で行動）

その後、アンナプルナ山群一周のトレッキング、アンナプルナ内院へのトレッキングをしながら、以下の山を巡った。

- 十二月一日、ピサン・ピーク（6091m）に登頂。

・十二月七日、チュルー・ファー・イースト（６０５９ｍ）に登頂。
・十二月十四日、トロン・パス（５４１０ｍ）の峠越え。
・十二月十七日、カトゥンカン（６４８４ｍ）は冬季の強風にはばまれ、５５７５メートル地点で断念。
・十二月三十日、テント・ピーク（５５００ｍ）はルートを間違えてしまい、４３０５メートル地点で断念。
（十一月二十四日〜十二月二十七日、ラル・バドル・タマンさんに各ベースキャンプまでサポートしていただく。ベースキャンプから上部と、十二月二十八日以降は単独で行動。なお、登山ルートはすべて一般ルート。標高は当時のもの）

旅の後半に近づくにつれ、高所順応と耐寒訓練が成果を上げているようだった。ピサン・ピーク（６０９１ｍ）へのアタックでは、ベースキャンプ（４４８５ｍ）から標高差約１６００メートルを、11時間20分で一気に往復した。

初めて訪れたネパール・ヒマラヤでは、毎日がまさに感動の連続だった。なかでも特に印象に残ったのは、ひとりのシェルパとの出会いだった。

彼の名はアン・ツェリン・シェルパ。クーンブ山域の西端、標高３８００メートルにあるターメ村に家族六人で暮らしている。彼の仕事は、外国からの登山隊を山へ案内する山岳ガイドだ。

私はパルチャモに登山した際、その途中にあるターメ村に泊まり、アン・ツェリンさんと知り合った。パルチャモから下山後は、一週間ほど彼の家に泊めてもらった。その間、ヤクの世話やジャガイモ掘りなどを手伝わせてもらい、家族の皆さんと寝食をともにした。

私がいちばん驚いたのは、片方の手の親指以外はすべて凍傷に遭ってしまったアン・ツェリンさんが、器用に手を使って仕事をすることだった。彼は厳冬期のエベレストに山岳ガイドとして参加したが、凍傷で両手の指先九本を失った。しかし、彼は今もなお、家族を養うために山岳ガイドを続け、あらゆる日常の仕事もこなしている。

時折、夫人のパサン・キッパ・シェルピニさんが、自身の手のひらで彼の両手を優しく温めるように包み込んでいた。そのしぐさが非常に印象的だったのを覚えている。

彼の両手のことは私にとって大きなショックだったが、私自身が彼からいちばん励まされたのだった――。

標高3800メートルの高地で、日々暮らしが営まれているネパール。山の中でも人々との出会いがあるという点で、アラスカの山とは別の魅力を感じた。

アルバイトの日々

冬のデナリ登山を実現するためには、訓練以外に資金作りも必要だった。

私が休学した一九九六年四月から一九九七年三月までの一年間のうち、ハンターとフォレイカー(五九日間)、ネパール・ヒマラヤ(一〇六日間)、そして次に紹介する初回の冬季デナリ(四五日間)を合わせた七カ月ほどは、海外の山旅に出ていたことになる。当然、先立つものがないと、このような長い旅はできない。

では、どのようにして活動費を捻出したか。

まずは生活費を抑えるため、北九州市にある学生寮から福岡市内の自宅に活動の拠点を移動させた。

次に、アルバイトで積極的に稼いだ。日本にいた約五カ月のうち四カ月は、二種類のアルバイトで一日中働いた。

ひとつは、長期・短期合わせて五つをかけ持ちした家庭教師。

ある家庭では、「前半は勉強時間に、後半はあなたの学生生活や趣味のことを子供に話してくれませんか？」と言われた。そこで私は遠慮なく、寮生活や山旅のことなどを子供に話した。また、ある家庭では、子供と空き地でサッカーをしたり、近所を散歩したりもした。勉強と遊びの両立に私は喜んで応えた。

複数の家庭を受け持って大変だったこともある。それは、それぞれの教え子やその兄弟の名前、学校名や学年、得意科目などをうっかり間違えないようにすることだった。

もうひとつのアルバイトは、弁当工場での夜勤だ。勤務時間は午後十一時から午前七時までの八時間。夜中に流れ作業で弁当を作り、早朝には出荷のための仕分け作業をした。

これまで、ビルなど高所での看板取りつけ作業、ファーストフード店のキッチンスタッフ、床の塗装やタイル張り、催し物会場の設営など、さまざまな仕事をしたが、夜勤はまったくの初めて。それに加え、昼間のわずかな空き時間に眠るだけだったので、決して楽ではなかった。しかし、それを本業としている方やパートの方、勤労学生の方などいろんな人と知り合えたことが、私の視野を広げてくれた。

しかし、この四カ月間のアルバイトと休学前に用意したわずかな貯金だけでは、充分な旅費は賄えなかった。そこで、両親に頼み込んで、復学後の仕送りを前借りするという形でなんとか協力を仰いだ。

また、旅費を抑えるために、大学山岳部と大学学生課からの登山装備の貸し出し、製薬メーカーと食品メーカーから商品の提供、病院から医薬品の提供、カメラメーカーから商品の貸し出し、登山用品メーカーでは商品の割引など、いろいろな形で協力していただいた。さらに、多くの方々の心からの応援は、本当にありがたかった。

こうして、ネパールから帰国して一カ月もたたない二月十一日、憧れの冬のデナリに向けて、私は福岡空港を飛び立った。

両親への手紙

一九九七年二月十五日、一機の赤いセスナ機が、厳冬期デナリのベースキャンプであるカヒルトナ・南東フォーク氷河に着陸した。気温マイナス14度の氷河上に降り立ったのは、パイロットのダグ・ギーティングさんと私、そして、私の三つ年下の妹・洋子の合わせて三人。

「洋子、時間と旅費があるなら、一緒にアラスカに行かないか?」と冗談で誘ってみたら、妹はわざわざデナリのベースキャンプまで見送りに来てくれた。

「お兄ちゃん、気をつけてね」

「心配するなよ、無理はしないから。家に着いたら、この手紙をお父さんに渡しといて」

私は妹に手紙を渡した。握手をすると、妹はセスナ機に乗り込んだ。

私が初めて体験する冬のデナリ。氷河上にたったひとり残された私は、飛び去ってゆくセスナ機を見つめながら、「ひとりで観光して大丈夫かな、無事に帰国できるかなあ」と不安になった。正直なところ、デナリに登る私自身より、妹の身が気がかりだった。

デナリに入山する前夜、私はタルキートナの宿で、両親宛に自分の今後について手紙を書いた。次のような内容だ。

「父と母へ

唐突ですが、これからの私の進路について書かせていただきます。

結論から先に述べますと、私は休学中の大学院を退学したいと思います。昨年三月に休学の件で相談したときは、気持ちの半分は復学するつもりでしたが、もう半分は山旅を中心に生活していくための自信づけをしたいという思いがありました。

アラスカやネパールの山を旅しながら、二通りの道を考えました。ひとつは、復学して大学院を修了後は就職し、週末の山旅を楽しむ道。もうひとつは、アルバイトをしながら長期の山旅を続ける道でした。

常に危険が伴う後者を選択した場合、生活はどうなるのかを充分に考えてみました。どうやって糧を得て生活するのか。どうやって両親の面倒をみるのか。結婚は、老後は。熟慮のうえで結論を出します。私は、山旅を中心に生活していく道を選びます。

父と母はもとより、家族や周囲が大反対するであろうことは、充分承知しています。こういう重大なことを、父と母に相談もせず勝手に決めたことを申し訳なく思っています。

これまで父と母には、いろいろと協力してもらい、そして心配ばかりかけているのに、このような私の身勝手な選択は贅沢と甘えでしかありません。しかし、今回のデナリ登山がどのような結果になろうとも、山から必ず戻ってきて、五月中旬には信州へ行くために家を出ます。

帰国後にきちんと説明します。申し訳ありません。ごめんなさい。

一九九七年二月十四日午後十一時半

明日、入山できると思います。タルキートナにて

栗秋正寿」

初めて知る冬のデナリ

三月十五日、午後九時、私はひとりデナリの最終キャンプ（4940m）にいた。二月十五日にウエスト・バットレス・ルートから入山して、今日でちょうど一カ月になる。

気象状況はブリザード、烈風、気温マイナス37度。

日没前、外の様子を見るためにツェルトを出ようとしたが、風圧と寒気で呼吸をするのも容易ではない。気圧が低いために空気抵抗が小さいことを考えても、秒速15メートルは下らないと思われた。

ここでのツェルト・ビバークも二晩目となった。昨日、キャンプ5（4330m）を出発して最終キャンプ予定地（5240m）に向かったが、強風のため途中で登高をやめ、ここ4940メートル地点に雪洞を掘った。最終キャンプをこの地点に変更し、ここからアタックを試みることにしたの

である。

ところが、雪と氷があまりにも硬く、深さ50センチの横穴を掘るのが精いっぱい。やむを得ず、その小さな横穴に上半身を押し込み、下半身はツェルトで覆った。

午後十時、冷えた身体を暖めるために、紅茶をいれることにした。鍋に雪を入れ、ガソリンコンロでお湯に変える。だが、ツェルト内の気温はマイナス35度、さらに外からの風が入り込むので、鍋一杯のお湯を作るだけでも大変である。

寒さでガタガタ震えながらコンロにかけた鍋を持っていると、上着のフードに縫いつけているウォーバリー（北米大陸北部の森林に分布するイタチ科最大の肉食動物）の毛皮の一部が落ちてしまっていることに気づいた。この毛皮は、アンカレッジに住む友人のスー・マチューガさんが、病を押して一生懸命に縫いつけてくださったものだ。それだけに、スーさんの身に何かあったのではないかと不安になった。

いったん気になりだすと、なかなかそこから離れられない。私の山旅のこれからを暗示しているようにも思えてくる。心配の渦に巻き込まれていると〝もうひとりの私〟が言った。

「スーおばあちゃんを案じる気持ちはわかるが、今は自分のことを心配しろ！風が弱まった合間に、ここから一気にアタックするつもりだろう。でも、よほどわきまえていないとアタックは難しいぞ。天候が急変して引き返すタイミングを間違えたら、取り返しがつかないことになるんだからな！」

不吉なとらわれから、すっと解き放たれた。不安定な心情に陥ったことが、結果的に私自身を冷静に導くことになった。

霧が晴れてきたせいか、午後十時半過ぎに気温はマイナス40度まで下がる。五日前の最低気温はマイナス50度。数字だけを比べるといくらか暖かいはずだが、ただただ寒い。

酷寒を紛らわそうと、好きな『マイ・ウェイ』をハーモニカで吹いてみた。

「ソーミー　ソミレミー　ソミレミー　レミレレードー……」

曲の終わりまで吹こうとしたが、半音レバーが凍っていてC＃とF＃の音が出せない。そこで演奏をやめ、そのかわりに替え歌を歌った。

「私には〜愛する〜山があるから〜」

大声で歌うと、少しだが身体が暖まった。

午後十一時、冷たくなった寝袋にもぐり込んだ。しばらくたっても寝袋内が暖まらず、寒くてなかなか寝つけない。汗や水滴が寝袋内にしみ込み、羽毛の一部が砂利のように凍ってしまっているのだ。朝に見ると、蒸発した汗が氷の粒になって寝袋カバーの内側に張りついている。羽毛製の寝袋なのに〝ふわふわ〟とは程遠く、入山してからいまだに熟睡できた夜は一度もなかった。

寝袋の中で丸く縮こまって思った。

この買値三万円程度の寝袋で冬のデナリに入山した人は、おそらく私ぐらいだろう。一般には、冬のエベレストと同じクラスの装備が必要といわれている。だが私には、特別仕様の寝袋の値段がかなり負担になったのだ。「肉体は精神の奴隷である」と自身を励ましてみたが……。やはり、寒いものは寒い。

うつらうつらしては、すぐに身震いで目が覚めてしまう。

入山してから荒天の日が多く、日程が二週間も遅れている。

このまま頂上アタックのチャンスを待つか、それとも断念して引き返すか……。明日の天気で、進退を決めなければならない。

とにかく風が弱まらなければ、登ることも下ることもできない。お願いだから、何とか、風よやんでくれ〜！


三月十六日午前十一時、相変わらずの天候。極寒と烈風のなかでのビバーク三日目。

厚い灰色の雲が、北風に乗ってぐんぐん近づいてくる。頂上へ延びる稜線には、大きな雪煙が上がっている。

山頂まで標高差1300メートル、時間にして8〜9時間の所まで来ているが、ブリザードが私を釘付けにしている。「ゴーッ」という物凄い風の音と、「バサッ、バサッ」とツェルトをあおる音が入り混じっている。

私は、自問自答した。

いったい、なぜ私はここにいるのか。

雪煙の彼方にあるあの頂に、いったい何があるというのか。

そこに札束が埋まっているわけでも、素敵な女性が迎えてくれるわけでもない。将来を約束する椅子が用意されているわけでもないのに、なぜ、私はあの山頂に立とうとしているのか。

山は何も答えてはくれない。

頂上は何も教えてはくれない——。

ツェルトの端からデナリ山頂を見上げた。

ブリザードがおさまる気配はまったくない。進んでも、無事に戻る自信はない。

食料と燃料は充分にあるが、三月二十三日の最終下山日まであと一週間しかない。もし、その日を過ぎても私が下山しないと、タルキートナのレンジャー・ステーションで遭難騒動が起きることは必至だろう。そうなれば、今後アラスカでの私の活動に支障をきたしかねない。

両親への手紙に書いたように、自分の山旅を続けるためには、とにかく三月二十六日の便で帰国し、三月中に大学院の退学手続きをとらなければならない。

ここまで来て下山するのは、正直惜しい気もする。しかし、結果だけがすべてではない。休学してからここまで登ってきた過程を考えれば、自己を充分に燃焼させたといえる。

今が引き際だろう。ここで断念して引き返そう。

午後一時十五分、風が弱まった隙に下山を開始。

「少しはよか男になって、来年も登らせてもらうばい！」

デナリの女神に別れを告げ、固定ロープをつかんで氷壁を降りていく。下降している私に吹きつける風が、〝優しい緑の風〟のように感じられた。

身体づくりと資金づくり

一九九七年三月下旬にアラスカから帰国後、私は自分の決意を家族に話した。

大反対されるだろうと覚悟はしていた。実際に皆と会ってみると、両親や周囲のほとんどは私の話を冷静に聞いてくれたものの、誰ひとり私の考えに賛成してはくれなかった。「この親不孝者が！　のぼせるのもいい加減にしろ！」と私に怒鳴った母方の祖父の言葉が、家族の気持ちを代弁するものでもあったろう。

しかし、「あきらめ」といったほうが正しいのかもしれないが、みんなには山旅に対する私の気持ちをほんの少し汲み取ってもらえたと思う。これは、とてもありがたかった。


三月末に私は大学院に退学届を提出し、四月中旬、次の山旅の資金づくりのため人材派遣会社を訪ねた。私は、職種ではなく、長野県諏訪郡という赴任地を重視してアルバイト先を決めた。ここを選んだ理由は、八ヶ岳やアルプスが近いということと、夜勤手当がつくということからだった。

五月中旬から寮のある諏訪市に移動し、半導体工場で寮生活を送りながらアルバイトをした。

毎日の生活はこうだ。午後七時に寮の前から送迎バスに乗り、富士見高原にある工場へ向かう。12時間の立ち作業を終え、再びバスで帰寮するのが午前九時半。午前十時から約2時間、筋力トレーニングや10～15キロの坂道ランニング。午後一時に遅い夕食（？）をすませ、その後夕方まで就寝。昼と夜が完全に逆転した生活サイクルとなった。

赴任してまもないころの私は、環境の変化にも馴染めず、学生生活に未練を感じることもあった。流れ作業を繰り返しながら、ふと「自分はこれでいいのか」と悩んだりもした。

しかし、「何かを捨ててまで打ち込めるものがあるということ、それを遂行できるということは、とても幸せなことなんだよ」という職場の親しい方からの言葉で、私は励まされた。「こうした作業も、すべてアラスカの旅のためなんだ」と気持ちを切り替えることができたのだ。

明るい昼間は熟睡しにくく、また夜勤の疲れもあって、休日の午後は必ず睡魔に襲われた。当初は、休日には八ヶ岳やアルプスの岩登り、ランニング登山などを計画していたが、実際はそれどころではなかった。そこで、地元の社員の方から教えていただいた市内のゲレンデ（ロッククライミングの練習場所）に自転車で通うことにした。

また、トレーニングだけでなく、八ヶ岳山麓をはじめ美《うつくし》ヶ原、霧ヶ峰、蓼科方面へ自転車で〝日帰りの旅〟に出かけたり、職場の方と観光や温泉を楽しんだりした。


福岡を離れ、諏訪に来てはや五カ月が過ぎた。私は冬のデナリを登る自分をイメージしながら、林道の坂を走っている。すっかり秋も深まり、山々の紅葉が美しい。正面に望む赤や黄色の衣をまとった八ヶ岳連峰を、憧れのデナリに重ねて見ることもあった。

新緑と同じように、紅葉にもピークが一日しかないことに気づいたのは、ランニングを日課としていたおかげだろう。これまで私にとって山は、旅することだけが魅力だったが、このトレーニングをとおして「山を見上げたり、遠くから望むのもいいものだな」と感じるようになった。

わずか半年という諏訪での短い生活だったが、仕事のアドバイスや休日の地元の案内、そして何度もご馳走になるなど多くの方々から親切にしていただいた。山間部で生活する地元の人々の優しさや素朴さ、そしてさまざまな事情で遠方から働きに来ている人々の生き方に触れたことで、私自身がおおいに励まされ、山旅を続けていく自信につながった。

冷凍庫での耐寒訓練

マイナス50度の気温下で山旅をするには、やはりそれなりのトレーニングが必要になる。一九九七年の冬、「少しはよか男になって、来年も登らせてもらうばい！」とデナリの女神に誓った私だったが、充分な資金がないので、さまざまに工夫をしながら訓練をこなしていくしかなかった。

一九九五年七月のデナリ出発前から行っていたトレーニングに、北九州市内にある水産用冷凍庫での耐寒訓練があった。河原畑さんと二人で入らせてもらっていたのだが、こんなことをする人はあまりいないかもしれない。先にも書いたとおり、資金力がないせいで思いついた方法といえる。

デナリの山旅を計画してから私は、冷凍施設を提供してくれる会社を探し回った。何社にもお願いしたが、「他社の商品を置いてるから、悪いけど部外者は入れられないよ」とにべもなかった。しかし根気強く探しているうちに、「うちは無理だけど、隣が扱っているのは自社商品だけだから、入れてもらえるかもしれないよ」と教えてくれる人がいた。

そこで、その水産会社にお願いしたところ、快く了解を得られた。こうしてついに、私たち二人は冷凍庫で耐寒訓練ができることになったのだ。

気温差が激しい夏のデナリを想定し、私たちは30度の炎天下でランニングをした後、マイナス25度の冷凍庫に入り、55度の温度差を体験した。冷凍庫内には2時間から2時間半ほど入り、温かいものを飲んだり凍った弁当を食べたり、シートを敷いて寝たりした。身体が次第に慣れてくると、着ている防寒具を少しずつ減らし、耐寒訓練の効果を高めていった。

庫内では、体調だけでなく装備のチェックも行った。下着や手袋、靴下などは、その素材や枚数によってどれだけ体感が違ってくるかを調べた。

防寒対策では、特に手足に注目した。手の保温には、最低限二枚のインナー手袋の上に厚手のオーバーミトンが必要だった。また、足の保温には、ダブル（二重）の登山靴のアウターとインナーの間、インナーのつま先部分、そしてアウターとアイゼンの間に断熱シートを挟むのが有効だった。さらに、ふくらはぎから靴底までをすっぽりと覆うオーバーブーツと、足首までしか覆わないロングスパッツとを履き比べ、時間と保温力の関係をさまざまな条件下で確認した。

また、事故で血行が悪くなった右手人さし指の凍傷を防ぐために私は、低温に強いリチウム電池を使ったニクロム線のヒーターを試作し、マイナス25度でもその指を温める工夫をこらした。

こんなふうに冷凍庫ですごしていたある日、この水産会社の方が、さらに低温の冷凍庫をもつ冷蔵会社を紹介してくださった。一九九六年四月のハンターとフォレイカー、一九九七年二月のデナリの出発前は、北九州市内の、マグロなどが眠るマイナス50度の冷凍庫に一人で入った。また、一九九八年二月のデナリ登山の前には、ある方からの紹介で、福岡市内にあるマイナス55度のマグロ用冷凍庫にも入ることができた。

初めて体験したマイナス50度以下の気温。吐く息の白さが、マイナス25度のそれとは明らかに違っている。超低温の冷凍庫内では空気がかなり乾燥しているため、深呼吸をするとしばしば咳き込んでしまった。また、尾を切って置いてあるカチカチに凍ったマグロを見ていると、寒さがいっそう身にしみた。

この二つの超低温冷凍庫では、これまでマイナス25度で試した下着やインナー類、中間着などの枚数を増やし、防寒性をさらに高めていった。そして、既製のインナーブーツと特注の純毛製インナーブーツの性能比較を行った結果、純毛製のほうが保温力に優れていることがわかった。ほかにも、カメラやフィルム、ラジオ、ヘッドランプ、電池などの耐寒テストを行った。

実験中はいつも、マグロをはじめアラスカ産のサケやタラに囲まれながら、遠いアラスカの山々に思いを馳せていた。

この耐寒訓練を続けていくうちに、冷凍庫内で作業をされる社員の方と親しくなった。「サケや明太子の保存はマイナス25度、数の子はマイナス15度と、それぞれに適した温度があるんだよ」「冷凍マグロは、マイナス50度以下の超低温でないと鮮度が保てないんだ」「うちの冷凍マグロの取扱量は全国でもトップクラスなんだよ」などと教えてくださった。また、限られた時間しか庫内に入れてもらえないことに対しては「もっと長く入らせてあげたいけど、会社の安全規定があるから。悪いね……」と、何度も申し訳なさそうに言ってくださった。こんな変な依頼を受け、丁寧にお世話をしてくださった皆さんには、心からお礼を申し上げたい。

一九九八年冬季デナリの装備

一九九八年二月から三月のデナリの山旅に準備した主な防寒装備を紹介したい。冷凍庫での実験と一九九七年冬のデナリでの経験をもとに、工夫を重ねている。

《テント》

コンパクトで軽いことを重視し、一九九七年冬と同じく一人用のゴアテックステント「ゴアライズ1」とその保温カバーの「ゴアライズ1用外張り」(どちらもアライテント製)を用意した。

透湿性・防水性の高いゴアテックステントは、幾分だがナイロンテントより蒸気が抜けやすく凍りつきにくい。それでも外気との温度差が激しく、またテント内で炊事をするため、毎晩テントの内側が結露して部分的に凍った。凍ったテントは小さくはたためないので、大ざっぱに折りたたんでソリに載せて運んだ。

前回に同じく、テントや雪洞の底部の断熱材として、薄手のテントシートと厚手のエアマットを組み合わせた。両方を合わせて厚さわずか27ミリだが、この二枚で充分である。適度にクッション性があり、寝心地も良い。

一九九七年の冬は、4330メートル地点に張ったテントが激しいブリザードで危うく飛ばされかけた。風が強まる上部では、テントはやめて雪洞に切り替えるしかない。

《寝袋》

今回は、良質の羽毛寝袋「クーム」（マーモット製）を準備した。この表面の生地「ゴア・ドライロフト」は撥水性が高く、汗や結露した水滴の浸透を防ぐため、中身の羽毛が凍りつきにくい。寝袋の防水性をさらに高めるために、昨冬と同じゴアテックス製の寝袋カバーを用意した。

《衣服上下》

前回と同じく、薄手のポリエステル合成繊維・ジオラインの半袖シャツとブリーフ（どちらもゼロポイント製）をいちばん下に着て、その上から順に、毛とポリエステル混合の長袖の下着上下、厚手のポリエステル製下着上下、中間着として薄手のフリース素材のウェア上二枚と下一枚、中間着用のダウンジャケットとダウンパンツ、上着としてゴアテックスの薄手のワンピース「テンペストワンピース」（モンベル製）を着る。

最大で、上は七枚重ね、下は六枚重ねになる。薄手のワンピースを着るわけは、腹部からの冷気の侵入を防げることや、厚手のものより汗などの蒸気が抜けやすく、蒸れにくいためである。なお、意外にも静電気のパチパチはほとんど感じない。

また、ワンピースのフードのまわりには、一九九七年と同じウォーバリーの毛皮を縫いつけた。毛皮が口のまわりで防風林のような役割を果たすので、ブリザードのなかでも楽に呼吸ができる。この毛皮は普通二〇〇ドル以上するが、実は資金不足のために、私は二〇ドルの尻尾四匹分をつなげて使用している。

《手袋》

一九九七年と同様、薄手のポリエステル製五本指のインナー手袋をいちばん下にはめ、その上から順に、フリース素材のミトンを三枚、薄手のゴアテックス生地のミトン、ゴアテックスのオーバーミトンをはめる。最大で六枚重ねになる。インナー手袋のほかにミトンの手袋を常用するのは、ミトンの形状が保温性に優れているからであり、また、五本指の手袋だけでは寒すぎるからだ。

汗で濡れた手袋は、外してそのままにしておくと、すぐに凍りつく。テントや雪洞に入ったらすぐ別の手袋に取り替え、コンロの熱である程度乾かしてから下着の間に入れて体温で乾かす。

《足部》

一九九七年と同様、薄手のポリエステル製靴下をいちばん下に履き、その上から順に、毛とポリエステル混合の厚手の靴下、フリース素材の靴下、特注の純毛製インナーブーツ（ICI石井スポーツ製）、プラスチックブーツ、断熱材の入ったオーバーブーツを履く。靴下とブーツで最大六枚重ねになる。

それぞれのブーツの間には、足形に切った薄手のテントシートを断熱材として挟む。寒さや標高によって、シートの数を一～二枚に調節。また、山スキー使用時はオーバーブーツを外す。

汗で濡れたインナーブーツは、脱いでしばらくすると凍ってしまう。足の凍傷を防ぐため、インナーブーツは毎日コンロで乾かす。なお、汗で濡れた靴下は手袋と同じようにして乾かす。

《頭部》

一九九七年と同じく、薄手の絹製の目出し帽をいちばん下に被り、その上から順に、純毛の目出し帽、頭から顎までをすっぽり覆う裏毛つきの高所帽、純毛の首当て（環状のマフラー）を被る。最大四枚重ねになる。

また、鼻当てを常にサングラスにつけておくと、鼻の凍傷予防にとても有効である。

ほかには、一九九七年をならって、フリース素材のヘッドバンド、スキー用のポリエステル製フェイスマスクなどを揃えた。

どの防寒装備についても、暖かいこと、軽いこと、コンパクトなこと、乾きやすいこと、蒸れにくいことなどを優先した。また、テントや寝袋、いちばん外側に着ける衣類については、濡れにくいこと、風を通しにくいことを重視した。

保温性と通気性が重視される衣服は、レイヤード（重ね着）を基本にすると応用がきく。つまり、衣服の枚数を増減して体感温度や湿度を調節し、身体を快適な状態に保つということである。

今回準備した衣服は、下着、中間着、上着と大きく三種類に分けられる。下着は常に三枚重ねで着るが、状況に応じて、中間着の枚数を〇～三枚に変え、上着のワンピースの換気部分などで調節していく。例えば行動中は薄着で、換気をして発汗や蒸れを抑え、休憩中は中間着の枚数を増やして暖をとる。こうすることで、体力を温存し凍傷が防止できる。

一九九七年冬季デナリの気象

一九九七年、冬のデナリの山旅では、一日二回、朝夕の定時に気温・気圧・風速を記録し、テントや雪洞の中でグラフ化していた。これは、デナリの気象観測をされている大蔵喜福さんからのアドバイスによる。

一九九七年二〜三月のデナリで経験した気象の要点を挙げてみたい。

- いったん荒天になると、一週間近く続いた。
- 強い南風による吹雪、強い北風によるブリザードの両方を経験した。
- ブリザードの前後では、気温と気圧が激変した。
- 冬季のブリザードは、時に深さ1メートルも雪面を削り去ることがある。4330メートル地点でブリザードに遭い、危うくテントが飛ばされかけ、ソリを失った。
- 低温と乾燥のため、クレバスに架かるスノーブリッジ（氷河の裂け目に雪が橋のような形で残る状態。いつ崩壊するかわからない）の強度を判定しにくい。
- 標高4330メートルで気温マイナス50度を記録。同時期の頂上では、マイナス60度以下になると推定される。
- 三七日間の登山期間中、悪天候で停滞したのは一八日間。アタック日和と思えたのは、わずか二〜三日。最高到達地点は標高5240メートルにとどまった。

ブリザードについて考察したい。

一九九七年冬季、デナリを登山中に気象グラフをつけていると、大蔵喜福さんの指摘どおりの現象が起きた。その現象とは、「気温・気圧が底をついた後に急上昇し、それに前後して強風が吹き始める」というものである。

実際、暴風となった前日を境に、それまで下がっていた気圧が急に上がり始めていた。また、暴風が始まってから、気温がマイナス40度以下からマイナス20度にまで上がっている。この烈風は、4330メートル地点と4940メートル地点で八日連続で経験した。

私はこの現象が起きるメカニズムを知りたいと思い、帰国後に日本気象協会福岡支部の吉竹顕彰さんにうかがってみた。すると吉竹さんは、私のデナリ入山時や、過去の気圧500ヘクトパスカルの高層天気図（等高度線と等温度線から作られる上空5200メートル付近の天気図）を資料に、詳しく解説をしてくださった。

高緯度にあるアラスカの低気圧や高気圧の動向は、偏西風で前線が西から東へ動くというような日本付近の動向に比べて、はるかに複雑である。アラスカでは低気圧や高気圧が東進、西進、南進、北進、停滞などあらゆる動きをするため、天気の予想もなかなか難しい。しかし、過去の高層天気図や、実際に記録した気象のグラフなどから、強風の成因が次第にわかってきた。

以下に、強風が吹き荒れる仕組みを記してみる。

- 強風の成因は、ほぼブロッキング高気圧（異常気象をもたらす変則型の高気圧）の発生・発達に伴って起こる。このブロッキング高気圧による強風は、二つのパターンに分けられる。

《Aパターン》アラスカ山脈の西側に低気圧、東側にブロッキング高気圧が発生し、南からの強風（一般に吹雪、高温）をみる。二月二十日〜二十四日、２１８０メートル地点で経験。同時期、ベーリング海で低気圧が南下する一方、カナダ西部でブロッキング高気圧が発生・発達していた。なお、入山前の二月一日から六日にかけても、同じようにカナダ西部でブロッキング高気圧が発生・発達している。この二回のブロッキング高気圧が発生した周期は約二週間。

《Ｂパターン》アラスカ山脈の東側に低気圧、西側にブロッキング高気圧が発生し、北からの強風（一般にブリザード、低温）をみる。三月九日〜十六日、４３３０メートル地点と、風の合間に移動した４９４０メートル地点で経験。同時期、アラスカ西部の低気圧が南東進するにつれ、ベーリング海でブロッキング高気圧が発生して急速に発達していた。

- Ａパターンのほうがパターンよりも発生率は高い。
- ブロッキング高気圧が発生する周期は、二週間から三週間。
- いったんブロッキング高気圧が発達すると、一週間ほど持続する。

山旅を安全に行うには、ブロッキング高気圧の発生・発達を予測することがかなり重要になってくる。登山中にその前兆を知ることは簡単ではないが、

- 風向が南または北に定着し、風が次第に強まり始める。
- 気温が急に上昇、または下降を始める。
- 気圧が急に上昇、または下降を始める。

これらのサインが登山中に確認できた場合（特に三つの条件が揃った場合）は、ブロッキング高気圧の発生・発達の前兆現象と見なしてもよい。

入山前には気象の傾向を把握し、登山中には風向・気温・気圧の値をグラフにつけながら気象変化を速やかに捉えることは、烈風を予測する有効な方法だといえる。

最後に、アタック日和について考えてみたい。デナリが高気圧の中心にすっぽり入ったとき、風が弱まる日が数日続く。高層の天気は、悪天と好天をほぼ一定の周期で繰り返すことが多い。つまり、風が弱まる好天の周期も、ブロッキング高気圧の発生と同じく二週間から三週間である。そのため、大きなブリザードや吹雪のおよそ一週間後から一〇日後にチャンスが訪れやすいといえる。

ただし、いつ登頂チャンスが訪れるのかは、はっきりと予測はできない。すべての好条件が揃い、なおかつ幸運もなければ、冬のデナリの女神は微笑んでくれないだろう。しかし、登山中に烈風を予測する自信がもてたことは、「登れなくても戻ってこられる」という心の余裕を生み出してくれた。

そこで、次のような行動プランを考えた。まず、デナリの下部で最初の荒天をやり過ごしてから上部に移動する。次に、二度目の悪天後の風が弱まったときに、気力や体力などの条件も整えば、一気にアタックをする。さらに、そのときの好天かまたは次の好天を利用して、速やかに下山するというものである。この計画では、入山中に二度から三度のまとまった好天に恵まなければならない。よって、天候の周期を考慮すると、登山期間が二カ月程度は必要になる。

このように、気象データの収集、整理などを行ってでき上がったプランをもとに、二度目となる冬のデナリへの旅が始まった。

冬のデナリへ、ふたたび

二月十三日　二十時　ベースキャンプ（２２００ｍ）
快晴　南西の弱風　気温マイナス25度　気圧７６５ヘクトパスカル
タルキートナからセスナ機で入山。カヒルトナ氷河のベースキャンプに十三時二十分到着

一九九八年二月十三日十三時二十分、ダグ・ギーティングさんの操縦する真っ赤なセスナ機が、薄暗いカヒルトナ氷河に着陸した。

太陽が低く、日照時間も短いため、冬のカヒルトナ・ベースキャンプは終日、陽があたらない。快晴、南西の弱風、気温マイナス20度。

フォレイカー北東壁で起きた雪崩の轟音が、あたりに響きわたる。

昨年に引き続き、冬季は二度目となるデナリの山旅。懐かしい思いでデナリ南峰を見上げる。

ベースキャンプに着陸する前、登山ルートの確認のためカヒルトナ氷河上を8キロほど飛んでもらったが、クレバスの位置や数は去年とほぼ同じようだ。

雪を固めた頑強なブロックを積み上げて壁を作り、その内側にテントを張る。純白の雪を鍋にすくい、お湯を沸かす。甘い紅茶を飲みながら、耳を澄ます。風の音だけが聞こえる。大型ザックに腰を下ろし、周囲の景色を見飽きることなく堪能していた……。

夕刻から、風向きが南西から北々東へと次第に変化した。今が好天だけに、かえって今後の天候が気になる。日本気象協会から得た今朝の気象予報も「二月十五日ごろからデナリ上部が強風域に入る」と、気がかりを増幅させた。

ひとりぼっちのデナリである。

これから私の、「垂直の旅」が始まる。

デナリの女神に挨拶する。

「一年前の約束どおり、あなたの所に戻ってきました。去年と同じように吹雪とブリザードで私を困らせるのでしょうが、どうぞお手柔らかにお願いします」

二月十四日　二十時　ベースキャンプ（２２００ｍ）
快晴　東北東の弱風　気温マイナス27度　気圧７６９ヘクトパスカル
ベースキャンプ　十時四分出発→キャンプ１（２１９５ｍ）　十三時三十二分到着
十四時九分出発→ベースキャンプ　十六時帰着

起床は七時。1時間の寝坊をしてしまう。

予定どおり、キャンプ1へ荷上げをする。

身長168センチ、体重58キロの小柄な私が、100キロもの荷物を次のキャンプまで一度に運び上げるのは不可能に近い。そこで、荷物の半分の50キロをさらに小分けし、20キロはザックで背負い、30キロはソリに載せて次のキャンプへ運ぶことにする。

運び上げた荷物を雪の中に埋め、その場所に目印の赤い旗を立てて下のキャンプに戻る。その後も無理せず、天候が安定した日に残り50キロの荷物を再びそこに運び上げて、一区間のキャンプの移動が完了。こうして、すべてのキャンプの間を一往復半する荷上げを繰り返しながら、尺取り虫のように少しずつ山旅を進めていくのである。

行動中は北々東の弱風、気温マイナス18度。カヒルトナ氷河は左岸側のクレバス帯を避けるため、今年は氷河本流から右岸側へと迂回した。このコースはキャンプ1までの距離が少し遠くはなるが、氷河の傾斜が緩いので荷上げがはかどる。

雪の状態、良好。

周囲の雪崩、なし。

デナリをはじめフランシス峰（3185m）、クロッソン峰（3901m）、カヒルトナ・ピーク（3912m）、カヒルトナ・ドーム（3818m）など、山々の眺望が実に素晴らしい。

カヒルトナ氷河は、一年間にわずか数メートルから数十メートルだけ下流へ移動している。何百年という時をかけてこの氷河が移動してきた距離を、私はたった一日で何キロも登高するのである。一歩一歩、スキーで登りながら、悠久の時の流れに思いを馳せた。

今夜の星の輝きは、またいちだんと美しい。

寝袋にもぐり込み、FMラジオを聴く。ある音楽番組のコマーシャルで、今日がバレンタインデーだと告げていた。デナリの女神から、晴天という名の〝チョコレート〟をプレゼントしてほしいものだが……。

山を旅すること

二月十五日　二十時　キャンプ1（2195m）
快晴　東北東の弱風　気温マイナス22度　気圧765ヘクトパスカル
ベースキャンプ　十時十七分出発→キャンプ1　十三時九分到着

天気良好。キャンプ1へ順調に移動する。

行動中の気温はマイナス18度からマイナス20度、そして弱風。入山日に得た気象予報とは違い、デナリの上部もとても穏やかなようだ。

キャンプ1に着く手前で、ダグさんの赤いセスナ機が近づいてきた。立ち上がって両手を大きく振ると、彼は赤い翼を左右に振って私の合図に応えてくれた。これは、入山前にダグさんと取り決めていたサインだ。

私の持っている小型無線機では、麓の町までは電波が届かないが、上空を飛行しているパイロットとなら交信できる。しかし、この極寒の世界では、無線機が凍って使えないことが多い。そこで、地上から上空のダグさんに合図を送ることにした。私が元気で順調なら〝立ち上がって大きく両手を振る〟、緊急事態の場合は〝しゃがみ込んで身体を小さくする〟という合図である。

私からの合図を確認したら、彼はタルキートナに戻ってアンカレッジの加藤さんに連絡を入れる。すると、加藤さんから日本の私の自宅に「○月○日、標高○○○メートルの地点で、栗秋が元気に手を振っていた」との連絡を入れてもらうようになっていた。

旅行客を乗せての遊覧飛行だろう、彼のセスナ機は、その後ベースキャンプに着陸していた。

キャンプ1に向けてカヒルトナ氷河を遡行中、雪、氷、岩、空、風、雲、すべてのものに魂が宿っているような、霊感めいたものを覚える。

興奮からだろう、身体が震えてきた。

ここキャンプ1でも、風対策としてテントの周りに頑丈な雪のブロックを1時間半かけて積み上げた。これで、少々のブリザードでも大丈夫だろう。

テントから顔を出し夜空を見上げる。

白夜の夏とは異なる冬のデナリ。期待していたオーロラは見えないものの、瞬く星、流星の宝庫となる。まさしく「清夜」だ。

夜になり、少しずつ風が強まってきている。だが、FMラジオの天気予報は「アンカレッジの明日は快晴」と告げていた。

二月十六日

二十時　キャンプ1（2195m）
晴れ　北々東の弱風　気温マイナス24度　気圧771ヘクトパスカル
キャンプ1　九時四十八分出発→キャンプ2（2560m）　十四時三十二分到着
十五時七分出発→キャンプ1　十六時十七分帰着

キャンプ2へ荷上げ開始。

今日も晴天が続いている。なんとなく不気味。嵐の前の静けさだろうか。

氷河上に点在するクレバスに、全神経を集中させる。クレバス帯を何とか通過すると、今度は「スキー・ヒル」と呼ばれる上り坂が待っている。50キロ近い荷物と急斜面のため、スキーを履いてもなお20センチほど埋まってしまい、ラッセル（深い雪をかきわけて進むこと）を強いられた。

なお、ベースキャンプからキャンプ4（3340m）までは、常に山スキーを使って行動した。山スキーを使うのは、登山靴より接地面積が大きいので深雪でも脚が埋まりにくいからだ。また、ヒドン・クレバス（雪に覆われて、外見からはその存在が判断できない氷河の裂け目）の踏み抜きを避けるのにも役立つ。スキー板の裏側にシールを貼りつけ、ビンディングを切り替えて踵を上げられるようにすると、上り坂でも楽に進める。ちなみに、シールは低温下では粘着力が落ちるので、入山以来、スキー板から一度もはがさずに使用した。

キャンプ2の予定地点に着いてまもなく、二機の軽飛行機が近くを旋回した。私の様子を見に来てくれたのだろう。

キャンプ2からの帰り道、逆光のなか、氷河上の雪が風で流される光景に出合う。キラキラと輝く雪の紋様の美しさに、つい足が止まる。

キャンプ1からキャンプ2の間には、危険箇所の目印に篠竹の赤い旗を七本立ててきた。

巨大な雲の塊が、南のほうから近づいてきている。夕方には、ここから約12キロ南西にそびえるフォレイカーにまで、厚い雲が迫っていた。

山を旅するということは、私自身を高めていくひとつの方法である。

あるときは風雪やブリザードにじっと耐え、また、あるときは穏やかな銀世界へと入り込んでいく。その山旅の過程には、幾度となく自然との対話が、そして〝もうひとりの私〟との対話がある。

この心の対話、つまり心の旅を繰り返すことで、いろんな意味で弱い私が、強くそして優しい人に少しでも近づけたらと思っている。

あの極北にそびえる巨峰デナリのような、雄大で懐の深い、そういう山男になることを夢見ているのだが――。

けれどもまだまだ、その夢へのゴールは遙か彼方に……。旅路は長そうだ。

山の食事

二月十七日　二十時　キャンプ2（2560m）
雪　微風　気温マイナス8度　気圧738ヘクトパスカル
キャンプ1　十時二十四分出発→キャンプ2　十三時五十五分到着

曇り空のなか、キャンプ2に移動する。

キャンプ1を出発するときに見えていたデナリ、フォレイカー、ハンターの上部が、しばらくして雲に隠れてしまった。

ここカヒルトナ氷河上は北々東の弱風だが、雲の流れ方から、高度5000メートルでは南西の強い風が吹いているのが容易にわかる。山と氷河の複雑な地形が、風向きをこんなにも変えてしまうのだろうか。

移動中には大規模な雪崩を、クロッソン北東壁、カヒルトナ・ピーク北壁でそれぞれ目撃する。

キャンプ2に着いてまもなく、ちらちらと雪が降ってきた。降雪のなか、1時間半かけて雪のブロックをがっちりと積み上げる。風がなく、雪が降っているのでとても暖かい。

入山して初めて天気が崩れた。冬のアラスカ山脈は荒天が多いといわれるだけに、晴天が続くと不気味だ。悪天候になってほっとしているのは、頂を目指すことに畏れを抱いているからだろうか……。

ここに、今日一日の食事内容を紹介したい。

《朝食》
棒ラーメン一・五食（115グラム、450キロカロリー）、ラーメンの具〈バター・高野豆腐・乾燥わかめ・のり・小エビ・かつお節・ねぎ・ごま〉一回分（50グラム、280キロカロリー）、コーンスープ一食（17グラム、75キロカロリー）、ミルクココア・砂糖（60グラム、242キロカロリー）
《昼食（行動食）》
カロリーメイト八本（158グラム、800キロカロリー）、ピーナッツチョコレート（70グラム、385キロカロリー）、ミックスナッツ・ドライフルーツ（40グラム、170キロカロリー）、スポーツドリンク1・5リットル（111グラム、432キロカロリー）
《夕食》
ドライカレー一食（116グラム、494キロカロリー）、すき焼き丼一食（116グラム、496キロカロリー）、野菜ミックス一食（40グラム、80キロカロリー）、玉子スープ一食（8グラム、30キロカロリー）、紅茶・砂糖・粉ミルク（100グラム、428キロカロリー）、プリン二食（35グラム、130キロカロリー）、ビタミン剤各種（5グラム、15キロカロリー）

食料の重量とエネルギーの総計は、それぞれ1041グラム、4507キロカロリー。

この日は、ホワイトガソリンを約0・4リットル消費した。これは一日の平均的な消費量である。なお、この0・4リットルには、食事のほか、濡れた装備を乾かすときの消費量も含まれている。

献立をつくる際は、とにかく軽いこと、コンパクトなこと、乾燥していること、高カロリーであることを優先した。一九九七年冬のデナリでは、チーズや魚肉ソーセージ、水分の多いレーズンなどが凍ってしまい、行動食には不適だとわかったので今回は持参していない。

主食、副食、デザートなどは日替わりにし、気分の転換をはかった。たとえば、ラーメンを焼きそばに、カロリーメイトをクラッカーとビスケットに、丼物を白飯とふりかけに、玉子スープをみそ汁に、プリンをゼリーやお汁粉、きな粉餅、干し芋などに替えていった。

二月十八日　二十時　キャンプ2（2560m）
晴れ　北の弱風〜中風　気温マイナス20度　気圧738ヘクトパスカル
休養のためキャンプ2で停滞

昨日からの積雪量は10センチ程度。

腹の調子が良くない。昨晩から今朝までで、緩い大便を三回もした。

体調回復と休養のため停滞日とする。キャンプ3への荷上げには絶好の日和だが、腹を治すことが先決だ。ここでは、体調の良しあしが登山活動を左右するといっても過言ではない。食料、燃料ともに五〇日分以上あるから、あせることはない。ゆっくり体調を整えてから登ろう。

下痢で失われる電解質を補給するため、温めたスポーツドリンクを大量に飲み、腹薬も飲んだ。

停滞を決め込んだので、寝袋にもぐり込む。今回初めて持ってきた買値八万円の寝袋は実に暖かい。これなら、上部でも快適に過ごせるだろう。やはり、我が家でいちばん高価な布団だけのことはある。

ここで、冬のデナリの排泄についてふれてみたい。

酷寒と烈風の世界での排泄は、日常のそれとは比べものにならないくらいに難しい。行動中、小便は外でもするが、大便はそうもいかない。ブリザードのなかで〝丸腰〟になると凍傷にもなりかねないから、ほとんどの場合はテントか雪洞の中ですませる。

テントの中で用を足す際は、ちょっとした〝技〟を使うが、これにも変遷がある。

一九九七年、初回の冬季デナリ登山の際は、小便用に「手動式灯油ポンプ」を、大便用には「風呂アカすくい」を準備した。

手動式灯油ポンプは、握り部分の上部を水平に切り落とし〝じょうご〟の形にする。ポンプには、硬くて真っ直ぐな管（灯油を吸い込む側）とジャバラ状の管（灯油が出てくる側）がついているが、前者を根元から切り落としてその穴を加工してふさぐ。これで〝携帯小用器〟のでき上がりだ。

小便をする場合は、まずテントの入り口側を向き、ひざを着いて上半身を立てる。ジャバラ状の管の先は、あらかじめテント入り口そばに掘っておいた穴に通す。あとは、ワンピースを太ももまで下ろし〝じょうご〟の部分に用を足せばよい。この小用器は片手で支えられるので、同時に大便をもよおしても、あいた片手で対応できる。

その場合、あいた片手は何をしているかというと、「風呂アカすくい」をつかんでいる。

風呂アカすくいは、ワクがネットを挟み込んでいるタイプを選んだ。ネットを外してビニール袋を挟み込み、ここに大を落とし込む。用がすめばワクからビニール袋を取り外して口をくくるだけ、と簡単である。

なぜワクが必要なのか、と思うむきもあるだろうが、考えてもみてほしい。片手で持ったビニール袋に、うまく大を入れられるかどうかを。

もちろん、現地でいきなりは挑めない。マットや寝袋の上にこぼさず上手に用を足せるよう、登山前に日本で予行演習を行った。片手に灯油ポンプ、片手に風呂アカすくいのいでたちで、実家の自室や風呂で練習に励んでいる姿を母親に見とがめられ、「あら、なにしてるの？」と言われたこともあった。

このように訓練を重ねて一九九七年の本番に臨んだのだが、どうも思っていたほどはうまくいかなかった。そこで、その登山中にさらに思案し、小便の際はチップスが入っている紙製の筒を利用することを思いついた。ここに用を足して、テントの外に捨てるのだ。

この方法は一九九七年のデナリ登山の途中から採用し、今回の山旅に至っている。非常に具合のいいことには、チップスの缶の長さ、私の腰の位置、太ももまで下ろしたワンピースの加減などが見事に決まり、手で支えなくても小便ができるようになったのだ。両手があくというのは、画期的なことである。

この発明によって、わざわざ風呂アカすくいを使う必要はなくなったので、以後は大小同時にもよおした際にも、大にはビニール袋のみで対応している。

もちろん、この〝技術〟も、アラスカの山を登りながら向上させていった。

デナリ国立公園内の登山では、用便についての規則もしっかり定められている。小便は雪面に穴を掘って行い、その後きちんと雪で穴を埋めること。大便はビニール袋に入れて持ち帰るか、深いクレバスにビニール袋ごと投げ入れることなど。もちろん、私もこのルールに従っている。デナリ下部の氷河上では山スキーが使えるため、例のモノが入ったビニール袋をソリに載せてできるだけベースキャンプに運び下ろし、セスナ機でタルキートナまで持ち帰るようにしている。上部では、深いクレバスが見つかるまで多くの袋を運ばなければならなかった。

十三時過ぎ、ダグさんの赤いセスナ機が飛んできた。キャンプ2の周辺を二度旋回して戻ってい
く。無線機を温めていなかったので、交信はできなかった。

時間がたっぷりあるので、FMラジオやハーモニカを楽しむ。

ラジオを聞いて、一瞬自分の耳を疑った。

「昼のニュースの時間です。ナショナル・パーク・サービスからの情報によると、十三日、日本人の登山者マサトシ・クリアキが単独でデナリに入山しました。彼にとって今回は、昨年に続き二回目の冬季登山となります。入山前に彼は、『再び冬のデナリに戻って来られて嬉しい。これから、楽しみにしていたマイホームに帰ってきます』とコメントをくれました」

ニュースが私の登山を報じている。

デナリを登りながら、そのニュースをラジオで聞くというのも、何だか不思議な気分である。

十六時ごろ、水をつくるため雪を採りにテントの外に出る。デナリの5000メートル以上は、雲のなかで見えない。雲の動きで、南東から北西への激しい気流がうかがえた。

二月十九日　二十時　キャンプ2（2560m）
快晴　北々東の弱風　気温マイナス21度　気圧728ヘクトパスカル
キャンプ2　九時十分出発↓荷上げ地点（3000m）　十四時四十五分到着
十五時十分出発↓キャンプ2　十五時五十六分帰着

キャンプ3予定地へ荷上げに向かう。

氷河上の気温は、マイナス10度からマイナス2度。晴天で陽射しが強く、行動中は汗をかくほど暖かい。二月のアラスカ山脈でこんなに快晴が続くなんて、とても信じられない。

二日前の新雪は風に飛ばされないまま残り、苦しいラッセルとなる。深雪と重荷から、スキーを履いてもなお30センチほど雪に埋まってしまい、思うように高度が稼げない。一歩一歩、どうにかスキーを前に出しながら、牛歩戦術で進む。

歩数を数えながら三〇歩進み、止まっては呼吸を整える、といった気息奄々《きそくえんえん》たる登高が続く。そのため時間切れとなり、キャンプ3に予定していた3340メートル地点への荷上げを断念した。私はカヒルトナ・パス（3146m、鞍部）手前に荷物を埋め、キャンプ2に引き返すことにした。

カヒルトナ・パス手前でひと息入れていると、白い軽飛行機が近づいてきた。私の手を振る合図に応えるかのように、その機体を左右に傾けている。おそらく、パイロットの隣にはレンジャーが乗っているのだろう。

キャンプ2へ戻る途中、ひと休みしようとスキーを脱ぐ。その途端、深雪の中にズブッと腰まで埋まってしまった。やれやれ、またやってしまったとがっかりしたが、〝氷河の雪と戯れている〟と思い直すと気が楽になった。

オーロラを夢見て

二月二十日　二十時　キャンプ3（3000m）
霧　南東の弱風　気温マイナス21度　気圧680ヘクトパスカル
キャンプ2　十時九分出発↓キャンプ3　十四時到着　キャンプ3を設営

小雪と濃霧で視界がほとんどきかない。出発準備はできたがテント内で待機する。

やがて小雪がやみ、視界が開けてきたのでキャンプ2を出発。昨日踏み固めて作ったトレイル（道の跡）が、夜更けからの降雪と風でほとんど消えている。再びラッセルを強いられる場面もあった。


昨日の荷上げ地点（3000m）までもうひと息という所で、再び天候が悪化。南東の疾風に伴った雪と霧で、ホワイトアウト（周囲が霧で真っ白になり、視界がきかない状態）となる。

食料や燃料、日程が充分にあること、一九九七年の登山時より荷物が重く、また、氷河上の雪質が軟らかいためスムーズに進めないことなどを考えあわせ、キャンプ3に予定していた3340メートル地点まで登らずに、荷物を埋めた3000メートル地点をキャンプ3としてとどまることにした。よって、3340メートル地点はキャンプ4となり、初めの計画よりキャンプがひとつ増えたことになる。


3000メートル地点に到着した。

吹雪のなかでテント周辺に雪ブロックを積み上げるのは、体力を消耗する作業となる。作業の最中、カヒルトナ・ドーム南東壁から雪崩の轟音が聞こえた。

一九九七年の同じ時に比べると、同じ場所でも明らかに風が弱い。そのため深雪の中をラッセルして登らなければならない。デナリ上部の雪の状態が気がかりである。

二月二十一日　二十時　キャンプ3（3000ｍ）
晴れ　東南東の弱風　気温マイナス21度　気圧678ヘクトパスカル
キャンプ3　十時十二分出発→キャンプ4（3340ｍ）　十二時十一分到着
十四時二十四分出発→キャンプ3　十四時三十八分帰着

キャンプ４へ荷上げをする。

行動中、マイナス25度の寒気と向かい風に悩まされる。10分おきに手足を暖めながらの登高となる。前方に目をやると、デナリとフォレイカーの上部に雪煙が上がっていた。南東の強風が吹いているものと思われる。

時間に余裕があったので、キャンプ４では前もって雪ブロックを積んでおき、明日からの行動に備えた。明日、キャンプ４へ移動する予定である。

本日の〝晩餐〟は、牛丼、山菜おこわ、八宝菜、油あげのみそ汁、甘い紅茶、緑茶、そしてデザートのゼリー。

献立だけ並べると豪華なように聞こえるが、そのすべてがドライフードである。お湯で戻した牛丼を食べていると、アンカレッジで日本人留学生のお世話をされているシゲコ・フォスターさんにご馳走してもらった〝本当の牛丼〟の味をつい思い出してしまった。ドライフード一点張りの食事が続くので、生鮮食品がいつも恋しくなる。

世界中でいちばん近くにオーロラが見える所。それが、冬のデナリがもつ魅力のひとつだろう。

私はまだ一度もオーロラを見たことがない。凍てついた極北の夜空に、淡い炎のカーテンが、ゆらゆらとその色と形を変えていくのだろうか。その光の乱舞を、ぜひこの目で見たい。おそらく、デナリから見るオーロラが世界で最も美しいに違いない。

——期待に夜空を見上げるが、今夜もオーロラは現れない。

オーロラは、天気の良い日の夜中に見えやすいといわれている。しかし、ほとんどの場合、その時間帯、私は翌日の行動に備えて寝袋の中で縮こまっている。

マッキンリー　オーロラ舞うや　夢うつつ

ブリザードの猛威

二月二十二日　二十時　キャンプ4（3340m）
地吹雪　南々西の強風〜中風　気温マイナス20度　気圧656ヘクトパスカル
キャンプ3　十一時二十四分出発→キャンプ4　十三時四十四分到着

キャンプ4に移動する。

今朝は雪と霧、そして風。天気が芳しくなく、キャンプ4への出発を遅らせる。やっとの晴れ間にキャンプ3を発ったが、まもなく再び、小雪、霧、疾風となる。

視界がきかないので何度も立ち止まった。霧の切れ間が訪れるまでじっと待つ。昨日通った道の跡がほとんどわからず、新たに雪面を踏み固めていった。

登高中、雲の切れ間から、デナリ西稜上に上がっている大きな雪煙を見る。最終キャンプ予定地の5240メートル地点では今ごろ、想像を絶する烈風が吹き荒れているのだろう。

キャンプ4に着くと雪はやんだが、まもなくブリザードとなる。時間がたつにつれ、だんだんと風が強まってきている。

キャンプ4から始まる長い急斜面は、深い雪でクレバスの位置がはっきりしない。また、かなりのラッセルを覚悟しなければならない。ここから先は、視界が良くないと大変危険である。天候が回復するまで、ここキャンプ4で待つしかない。

昨年と同様、結露したテント内側が凍ってしまった。外張りの内側も、同じく凍りついている。キャンプを移動するときは、「バリバリ」と鳴らしながらテントを大きくたたんでソリに載せるしかない。テントのポールも低温下では少し曲がったままで、元の形には戻らない。ポール内部に通されたゴム紐も、伸びたままの状態である。気温マイナス20度以下とは、このような世界なのだ。

二月二十三日　二十時　キャンプ4（3340m）
地吹雪と霧　南々西の強風〜烈風　気温マイナス25度　気圧652ヘクトパスカル
悪天候のためキャンプ4で停滞

朝方は小雪と霧だった天気が、やがてブリザードへと変わる。

午後に入ると、さらに風の強さが増してきた。テント周囲の雪ブロックをさらに積み上げる。今後の風次第では、ここキャンプ4をテントから雪洞へ切り替えることも考えている。

キャンプ4のすぐ上には、三〜四カ所のヒドン・クレバスが予想される。ホワイトアウトでは、うかつに行動できない。

FMラジオでは、アンカレッジの天気はただ今みぞれ、明日は曇りのち雪になるだろうと予報を流している。

南から吹く湿った強い風、マイナス20度前後の気温。昨夜656ヘクトパスカル、今朝653ヘクトパスカル、今夜652ヘクトパスカルと、気圧が下がり続けていることからも、デナリ西側にある低気圧によるブリザードと判断する。

猛烈な風がテントをバサバサと揺らしている。低地ではあんなに頼もしいテントも、ここでは頼りないただの布きれだ。私はごろんと横になり、テントを見上げた。こんなふうに厳寒の猛威にさらされていると、人間なんて本当にちっぽけで微力なものなんだと痛感させられる。自然が微笑んでくれた束の間に、そっと遊ばせてもらうことにしよう。

二月二十四日　二十時　キャンプ4（3340ｍ）
霧と突風に伴う地吹雪　南西の中風～強風　気温マイナス27度　気圧654ヘクトパスカル
悪天候のためキャンプ4で停滞

昨晩の夜半過ぎから、風は少しずつおさまっていった。

ところが朝方から再び、突風が吹き始める。

まだ暗い早朝にふと目が覚め、テントの天井をぼんやりと眺めていた寝惚け眼には、かすかな明かりが少しずつ動いているように見えた。月明かりとブリザードで、そう見えたのだろうか。もしかすると、オーロラだったのかもしれない。

雲が厚く陽が射さないため、日中でもマイナス20度、南風で少し寒い。ここキャンプ4でも、かなりの突風が吹いている。デナリ上部は、物凄い風になっていることだろう。

午後になって除雪をしたが、テント周辺の積雪量の多さには腰を抜かした。多量の降雪はなかったはずだが、地吹雪だけで70センチも積もるとは信じがたい。しかし、ここより南側の低い所から、強風で雪が吹き上げられたとしか考えられなかった。ここからさらに上の雪の状態がいちだんと気にかかる。

FMラジオの天気予報では、アンカレッジの今夜は曇りのち雪、明日は吹雪と報じている。夕食にドライフードの赤飯などを食べた。この赤飯は結構うまいのだが、入山前に加藤夫人が作ってくださった赤飯弁当とは、とうてい比べものにはならない。はからずも、あの手作り弁当のおいしさをかみしめることになった。

二月二十五日　二十時　キャンプ４（３３４０ｍ）
霧と地吹雪　西南西の弱風〜中風　気温マイナス22度　気圧６５７ヘクトパスカル
悪天候のためキャンプ４で停滞

今日で、停滞は連続三日目となる。

曇り空と霧の天候が、やや快方に向かった。少し視界が開けてきたので、キャンプ5予定地（３７５０ｍ）へ荷上げに出発。

しかし、その直後に吹雪となり、キャンプ4から１００メートルも進まないうちに引き返した。

その先には、部分的に雪で隠れた三つ、四つのクレバスがあるからだ。そこを通過するときに視界のきかないのが、いちばん恐ろしい。

キャンプ4に戻ってテントまわりの除雪をしていると、風雪がいちだんと激しくなってきた。すぐに引き返したのは賢明な判断だった。

寝袋は、なかなか快適である。だが、さすがに入山して二週間もたてば、睡眠時にかく汗が凍り、足の部分の羽毛が少しずつ固まってしまう。そこで、ガソリンコンロで温め、固まっている部分をほぐしながら乾かす。寝袋カバーの内側に張りついている氷も、同じように取り除いた。

FMラジオのスイッチを入れる。

ここデナリでは、上部に登れば登るほどラジオの音が鮮明に入ってくる。電波の障害が少なくなるからだろう。アンカレッジやフェアバンクスの都市にあるラジオ局のうち、四~五局は山中でも聴くことができる。

全米ヒットチャートの音楽番組をよく聴いていたので、冬のアラスカ山脈にいながら最新のヒット曲が楽しめた。帰国後しばらくすると、アラスカの山の中で聞き慣れた曲が日本でも流れ始める。情報の乏しい山中で、実は最新のミュージックシーンを先取りしているとは、自分でもなんだかおかしかった。

オーバーミトンの一部分が破れていることに気づく。布テープと瞬間接着剤を使い、簡単に補修した。

それから、ハーモニカを吹いてのんびりと過ごす。

『たき火』『雪』『アルプス一万尺』など童謡を吹いた。

二月二十六日　二十時　キャンプ4（3340m）
曇り　西南西の弱風〜中風　気温マイナス33度　気圧665ヘクトパスカル
悪天候のためキャンプ4で停滞

日中の天候は、小雪と霧、そして疾風。

視界が悪く、停滞四日目となる。

昨冬のデナリでは、いったん天気が大きく崩れると、五日間の連続停滞を余儀なくされた。しかも、それを二回も経験している。天候回復を気長に待つのみだ。

今朝のFMラジオで、アンカレッジの今日の天気は、小雪から徐々に晴れ間が出てくるとの予報が流れていた。アンカレッジから少し遅れるだろうが、デナリ山域の天候もやがて回復に向かうだろう。

昨日の午前中から、気圧が上がり続けている。二十五日の十八時三〇分の気圧は、653ヘクトパスカルだった。今日の二十時で665ヘクトパスカルと、わずか一日半の間に12ヘクトパスカルも気圧が上昇している。

また、停滞に入る前日二十二日の夕方から、風向きが南々西、南西、西南西と、南寄りの風から西寄りの風に変わってきている。

おそらく、荒天をもたらしている低気圧が、勢力を弱めながら西側へ移動しているのだろう。もうひとりの私が話しかけてきた。

「長い荒天の後には、必ず好天がやってくる。

焦ることはない。この吹雪をじっくりとやり過ごせ。

アタックチャンスは、デナリが高気圧の中心に位置したときに訪れるのだ。そのとき、山頂でも風が弱くなり、晴天が二～三日続く。そのチャンスを生かすしかない。

たまたま現れた束の間の疑似好天にはだまされるな！

山の女神は人を生かしもするが、殺しもする」

夕食の後に、天候の回復を祈ってハーモニカを吹く。

これまでのアラスカ山脈の山旅で少しずつ作った曲『デナリ』を山の女神に捧げた。

明日、天気にな～れ！

四日ぶりの行動

二月二十七日　二十時　キャンプ4（3340m）
快晴　西南西の弱風　気温マイナス34度　気圧667ヘクトパスカル
キャンプ4　九時三十六分出発↓キャンプ5予定地（3750m）　十三時到着
十三時五十分出発↓キャンプ4　十四時五十分帰着

久々の好天となり、キャンプ5へ荷上げにかかる。

ルートはすぐに急な登りとなり、途中はアイスバーンになっている。私のスキー技術では、登高も滑降もとうてい無理だ。これまでのデナリ登山と同様、キャンプ4にスキーを置いていく。

昨冬の記憶をたぐり寄せ、キャンプ4のすぐ上にあるヒドン・クレバスに、おおよその見当をつけた。だいたいの位置を把握しているつもりだったが、キャンプ4からひとつめのヒドン・クレバ

デナリ

(Denali)

曲：栗秋正寿

スに、片足が浅くはまってしまった。少しの油断もできない。

標高3500メートルの尾根上に抜け出た所で、吹きさらしの氷の斜面となる。その先には、「ウィンディー・コーナー」(4000m)と呼ばれる場所がある。名前のとおり〝風の通り道〟で、吹き下ろす強風にあおられながらの登高となる。気温はマイナス20度からマイナス25度。晴れてはいるが、吹き下ろしてくる風はかなり冷たい。

3600メートル付近を移動中、ダグさんの赤いセスナ機が近づいてきた。強風域を避けるように尾根に回り込み、三度旋回してすぐに戻っていった。低温で無線機が凍ってしまうため、入山時に交信テストをしてから一度も無線交信ができていない。

ウィンディー・コーナーの直下、3750メートル地点に荷物を埋めた。ここにキャンプ5の雪洞を掘る予定だ。テントはキャンプ4に埋めていくことにする。

キャンプ4への帰路で、途中にある三つのクレバスに目印となる赤い旗を立ててきた。

入山後しばらくして、左下の奥歯が痛みだす。温かいものが虫歯にしみるので、酷寒の世界ではなおさら辛い。出発前、日本での歯科検診を怠ったことを猛省するが、後悔先に立たず。

二月二十八日　二十時　キャンプ5(雪洞、3700m)

快晴　北西の中風〜弱風　気温マイナス32度　気圧641ヘクトパスカル

キャンプ4　十時四十四分出発→荷上げ地点(3750m)　十四時到着

十四時四十分出発→キャンプ5　十五時六分到着

晴天だが北西の冷たい風が吹くなかを、キャンプ5に移動する。

デナリの西稜とフォレイカーの頂上付近には、北西の強風が作りだす雪煙が上がっている。

昨日の荷上げ地点に雪洞を設ける予定だったが、スコップで50センチほど掘ると硬い氷の層が出てきてしまい、まったく歯が立たない。そこで、しっかりとした雪洞が掘れる場所を探すため少し戻ってみることにする。幸い、雪崩の危険性が低く、掘りやすい場所を見つけたので、3時間半かけて深い雪洞を掘った。

雪洞の大きさは、入り口の高さが約60センチ、室内は高さ約1・2メートル、底面は約2メートル四方。一人用テントよりも広く、天候に関係なく安定していて快適である。

雪洞掘りの最中に、ダグさんのセスナ機が飛んで来た。しかし、私が小さな尾根の陰に入っていたので、おそらく彼は見つけられなかったと思う。


二十時で気温マイナス32度。標高差から計算して、デナリ山頂付近の気温はマイナス47度ぐらいだろうか。気温が低い状態で安定しているということは、大体において好天を意味する。晴天があと二日続けば、すんなりと次のキャンプ6を設けることができるだろう。

雪洞は快適そのもの。嵐になるとテントは激しくあおられてタバタと騒々しいが、雪洞なら静かな空間が確保できる。コンロを焚いてもテントほどは室内が暖まらないものの、換気をしっかりすれば結露しにくいので、寝袋などの装備が凍りつきにくい。

雪洞内にロウソクを灯し、干し芋をあぶって頬張る。大好物の焼き芋を山中でも食べる手はないものかと考えた結果が、これだった。味はほとんど同じだし、薄くて軽くて、携帯するにはもってこいだ。香ばしさと甘みが、今日一日の疲れをほぐしてくれる。

ゆっくりくつろぎながら、雪洞から望む夕焼けが印象的だった。

“当たり前”に思うこと

三月一日　二十時　キャンプ5（雪洞、3700m）
快晴　東南東の弱風～中風　気温マイナス28度　気圧646ヘクトパスカル
キャンプ5　九時三十分出発→キャンプ6（雪洞、4330m）　十四時三十分到着
十五時出発→キャンプ5　十六時三十分帰着

昨日の美しい夕焼けが暗示していたように、本日は天気良好。キャンプ6へ荷上げをする。ウィンディー・コーナー直下にある二つのクレバスは昨年とほぼ同位置で、難なく通過。目印に赤い旗を立てる。そこからキャンプ6までは、無数のクレバスやヒドン・クレバスがあった。往路で一度ヒドン・クレバスに片足がはまり、肝を冷やす。クレバス転落防止用に腰の左右につけた、長さ2メートルのポールが役に立った。

40キロの荷物に膝までのラッセルが加わり四苦八苦。なんとか無事に荷上げを終え、キャンプ5に戻った。

今日一日の行動で、かなり体力を消耗した。明朝までに疲労が回復しない場合は、明日を休養日にすることも考えてみよう。

ここまで来ると気がはやるものだが、こんなときこそ余裕をもたなければならない。厳寒のなかの山旅では、精神と肉体のどちらかが少し揺らぐだけでも、致命的な判断ミスを犯してしまうことがある。自分ひとりですべてを決断する単独行ではなおさら、常にゆとりが必要になるのだ。毎日

キャンプ5の雪洞。時に氷河の動く音が聞こえる。山での不便さは、普段の生活がいかに便利で快適なのかを思い起こさせてくれる

全力を出し切るのではなく、「自分がもつ力の半分を一日の行動に充てる」ということを肝に銘じている。

とはいうものの、実践するのはなかなか難しい。

紅茶をいれるため、鍋に雪と氷を入れた。

この山行では、一日に5〜6リットルの水を消費している。命を保つために雪や氷から作りだす、貴重な水だ。一日の水の消費量を日常のものに置き換えてみると、例えば家庭用の浴槽に入れる約180リットルの水は、この山旅で使う水の一カ月分以上に相当することがわかる。

雪と氷の入った鍋をコンロにかけた。紅茶を飲む場合でも一杯分の湯だけを沸かすのではなく、最低でも1・5リットルの湯を沸かして、余分は魔法瓶で保温する。できるだけ燃料を無駄にしないためだ。たった1・5リットルぶんでも、鍋に入った雪が解けて水になり沸騰するまで、20分ほど待たなければならない。食事のときなどはさらに多くの湯が必要なので、何度も雪を補充する必要があるし時間もかかる。

普段なら、水道水を入れたやかんをガスレンジにかければ数分で沸騰するから、すぐに飲めるだろう。ポットがあればもっと楽だ。お茶を飲んでくつろぐ部屋には、こうこうと明かりがつき、テレビからは映像と音楽が流れ、冷蔵庫には大量の食品。暖かい布団もあれば、風呂もある。トイレがあるのも当然だろう。ほとんどの人に約束される、豊かで快適な生活。管理された温室での生活のような暮らしを、つい私は〝当たり前〟だと感じてしまう。当たり前すぎて、そのありがたさに気づいていない。

山に入ると、その感覚を怖いものだと思い知らされる。私には感謝の気持ちが欠けていたと、おおいに反省すべきだろうし、その気持ちを常に忘れてはいけないものだと思う。


夕方、雪洞から外の光景にうっとりと見とれている。

夕照が美しすぎて、言葉にならない。

感慨無量で、『夕焼小焼』をハーモニカで奏でた。

ソーソラ　ソソソミ　ドドレミレー
ミーミソ　ラドドラ　ソソラソドー
ドーレドラ　ドドソソ　ラソラソミー
ソミレドレレドレ　ミソラソドー
ソミレドレレドレ　ミソラソドー

今日はこれでおしまい。おやすみなさい。

三月二日　二十時　キャンプ5（雪洞、3700m）
快晴　中風～弱風　気温マイナス31度　気圧648ヘクトパスカル
休養のためキャンプ5で停滞

天気は良いが、疲労回復のためキャンプ5にとどまる。

今朝の雪洞内の気温はマイナス20度。家庭用の冷凍庫よりも寒いなかで、ぐっすりと眠っていたことになるが、あまり寒いという実感がわかない。

具合の悪いサングラスと、ソリにつけているロープを補修する。

ほぼ毎朝食べている棒ラーメンを、今朝は焼きそばに替えた。その名も「花かつおの躍り食い」だ。この名前からすると、たいそうな逸品に聞こえるかもしれない。だが、実はそう大したものではない。乾燥ワカメ、ネギ、小エビ、ゴマを焼きそばに混ぜ、食べる直前にかつお節をたっぷりとかけるだけ。焼きそばからの熱気で、かつお節がゆらりゆらりとおいしそうに躍っていた……。

空腹時は、何を食べてもおいしくてたまらない。

焼きそばを食べながら、雪洞内に響いてくる音に耳を澄ませる。デナリ登山中は、時に氷河の動く音が聞こえる。

「ドン、ドンシャー」は、氷河に亀裂ができ、そこに雪や氷が落ちていく音だろうか。「キシッ、キキー」は、下流へ押し出される氷河が、きしむ音だろうか。

そんな音を聞いていると、頭の中にひとつの物語が浮かんだ。氷河に降った雪の旅の物語である。

あるとき、アラスカ山脈が雪雲で覆われ、デナリに一片の雪が舞い降りる。その一片の雪は、烈風とともにカヒルトナ氷河に運ばれる。雪は氷河の流れに乗って、少しずつ少しずつ下流へ下っていく。いつしかその雪は、氷河の流れとともにカヒルトナ川に流れ込む。

カヒルトナ川の流れは、やがてアラスカ湾に注ぎ込む。太平洋上で蒸発して上空へ昇った厚い雪雲は、海流と南風に乗って北へと流れゆく。そして、再びアラスカ山脈へ……。

この一片の雪も、運が悪いと今晩の食事で使った雪のように、寄り道をさせられる。私にスコップで採られて鍋に入れられた雪は、水となり、お湯となり、腹に入ったあと小便として出される。そしてまた、長い長い、雪の旅が続いてゆく……。

氷河の動く音から、一片の雪の終わりなき旅を思う。

果てしない　雪の運命《さだめ》も　我が旅も

今日を停滞日にしたのは、結果的には好判断だったと言える。日中は風が強まり、突発的なブリザードも起きていたのだ。

今日一日は何をするでもなく、雪洞から外の景色を眺めていた。今日も夕景がとても綺麗だ。じっと見ていると引き込まれそうになる。この氷点下の美しさを音で表現できたら、どんなに素晴らしいことだろう。

かなわないまでも、今は吹きたい気分だ。体温であたためておいたハーモニカを取り出した。

デナリの夕焼け

（Sunset over Denali）

曲：栗秋正寿

明日の好天を祈り、『デナリの夕焼け』を自作して奏でた。

雪洞に　幽《かす》かに谺《こだま》す　ハーモニカ

核心部ウエスト・バットレスへ

三月三日　二十時　キャンプ6（雪洞、4330m）
曇り　西の中風〜弱風　気温マイナス26度　気圧600ヘクトパスカル
キャンプ5　八時四十分出発→キャンプ6　十三時到着

無事、キャンプ6に移動。

昨日の強風でほとんどのトレイルが消失してしまい、再び苦しいラッセルとなる。

移動の途中から霧が出て、やがて小雪となり、キャンプ6手前でブリザードに見舞われる。デナリの5000メートル以上は、雲で見えない。

4330メートル地点に、3時間半かけて深さ1・5メートルの頑丈な雪洞を掘る。

冬場のデナリ上部で吹き荒れる風のことを考えると、テントよりも雪洞のほうが格段に安全である。ここキャンプ6は平らな地形なので、まず直径1メートルほどの縦穴を作り、それから横に雪洞を掘っていかなければならない。

昨冬はこの地点でもまだテントを張っていて、大きな失敗をしていた。連日荒れ狂うブリザードで、風よけの雪ブロック積みが間に合わなくなってしまった。やがて烈風でテントのポールが折れ、テントが裂け始めたが、間一髪のところでテントから這い出し、雪洞を掘ってしのいだ。もう少しのところでテントごと烈風に飛ばされ、クレバスの奈落の底に放り込まれるところであった。そのときなんとかテントは撤収したが、ソリは風で飛ばしてしまった。

今回も、前年と同じように二種類のカメラを用意した。

重量が900グラムの一眼レフカメラ（ニコンFM2、レンズはAFズーム・ニッコール24〜50ミリ、フィルムはフジクローム・プロビア100）と、わずか40グラムのレンズ付きフィルム「写ルンです・スーパースリム25」である。どちらも、低温に強い手動式のものだ。身軽になりたいので三脚は持ってきていない。

極寒地では自動式カメラの撮影は難しく、フィルムも切れやすい。気温がマイナス40度以下になると、手動式カメラでもフィルムが切れやすくなり、連続撮影が難しくなる。体温でカメラをあためながら、一枚一枚撮らなければならない。

ここキャンプ6には、軽いレンズ付きフィルムだけを持って上がる。一眼レフカメラは、キャンプ5の雪洞に置いてきた。

標高が上がれば上がるほど、環境も厳しくなってくる。カメラひとつ選択するにも気を使う。カメラに求めることは、まず軽く、小さくて胸ポケットに入り、しかも六枚重ねの手袋でも簡単に操作ができ、さらに緊急時に処分しやすいこと。これらの条件をすべて満たすものは、このレンズ付きフィルムしかなかった。まさしく、シンプル・イズ・ベスト！

しかしシンプルなだけに、これ自体にはセルフタイマーがついていない。自分自身を撮るときは、腕をのばしてレンズと向かい合い、シャッターを切った。

三月四日　二十時　キャンプ6（雪洞、4330m）
晴れ　無風　気温マイナス25度　気圧600ヘクトパスカル
休養のためキャンプ6で停滞

八時、雪洞内の気温はマイナス23度。

計画どおり休養日とする。

デナリは5300メートル以上、フォレイカーは4000メートル以上が濃い霧に包まれ、上部が見えなくなっている。ハンターは雲ひとつなく、くっきりとした姿が眺められる。

高度障害だろうか、軽い頭痛がする。

高山病を予防するには、例の尺取り虫のような荷上げで登りと下りを繰り返し、少しずつ標高を上げて高所に順応することや、常に水分を充分に摂ることが重要になる。

登山中は常に意識して、一日に5〜6リットルの水分を摂るように努めている。排泄をうながして新陳代謝を盛んにすることが、高山病の予防につながるからだ。また、水を飲むことで、水に含まれている酸素も少しは摂取できるといわれている。

いざというときのために高山病予防薬としての利尿剤「ラシックス」は持ってきているが、できるだけ自力で高所順応したかったので、安易には飲まないようにした。

FMラジオの気象予報では、アンカレッジの今日は曇り、明日は晴れとのこと。

明日の天気が良ければ、デナリ西稜の上部（5050m）へ荷上げをするつもりだ。その途中にある硬い氷の急斜面に備え、アイゼンの爪の先をヤスリで研いだ。

左足の指がひどい霜焼けである。相変わらず、左下の奥歯が虫歯で痛む。

夕刻時、コンロを焚いて暖をとりながら、ハーモニカで『マイ・ウェイ』『雪山讃歌』『坊がつる賛歌』を吹いた。

山頂へ　ハーモニカの音　風に乗り

三月五日
二十時　キャンプ6（雪洞、4330m）
晴れ　北の弱風〜中風　気温マイナス26度　気圧599ヘクトパスカル
キャンプ6　九時十分出発↓西稜の荷上げ地点（5050m）　十三時五十分到着
十四時十分出発↓キャンプ6　十六時三十七分帰着

今日が頂上アタックなら小躍りしたくなるような、穏やかな天気になった。私のアタックの日も、こんな天候であってほしいものだ。

今日は登山ルートの核心部、ウエスト・バットレスと呼ばれる氷雪の壁を登り、西稜5050メートル地点へ荷上げをする。ルートが急なため、ソリを引いて登るのはかなり難しい。計画どおり、ソリはここキャンプ6に置いていく。

ウエスト・バットレスの上部には、標高差約200メートル、傾斜50度の氷壁がある。三年前の夏のデナリでは硬い雪壁という印象を受けた核心部だが、厳寒の冬場はルート全体が蒼白い氷壁に変わってしまう。

この氷壁を、アイス・スクリュー（注1）に体重をあずけて小休止をとりながら、ダブルアックス（注2）で登っていく。

酸素が薄い高所でのアイスクライミング（氷壁登り）は、一瞬たりとも気が抜けない。落ちないように身体のバランスをうまくとって、ひとつひとつ確実にピックを氷に打ち込み、アイゼンの前爪を蹴り込んでいく。

小休止をとり、これから登っていくルートを確かめるため上部の様子をうかがう。その後、下のほうを見ようとしたが、つい、躊躇してしまった。

その様子を見るもうひとりの私が小さく叫んだ。

「おい、ためらわずにもっとしっかり下を見ろ！　500メートル下には、深いクレバスが待ち構えているぞ！　ここで落ちたら、間違いなくあのクレバス帯まで滑落する。絶対に落ちられない。もっと慎重になれ……！」

山では〝慣れ〟がいちばん恐ろしい。〝慣れ〟が事故につながるといっても過言ではない。そこで、私はあえて奈落の底を見下ろした。

自分を怖がらせて、より慎重に行動させようとしたのだ。

私はもう一度上部を見上げた。そして、ゆっくりと、確実に、少しずつ蒼白い氷壁を登っていった。

緊張の連続だった長い氷壁を登りきると、デナリ頂上から尾根続きの西稜上に出る。標高4940メートルのそこはちょっとした平坦地となっていて、休憩するのに最適だった。穏やかな陽射しのなか、腰を下ろして大パノラマを満喫する。

南西の方角には、私の目線よりやや高い位置にフォレイカーがそびえている。そして3000メートルの眼下には、登ってきたカヒルトナ氷河が静かに控えている。デナリ北西側の様子も、つぶさに見てとれる。

遂にこの地点までやって来たかと、感慨無量である。

紅茶を飲んでひと息いれていると、昨冬のデナリの記憶が鮮明によみがえってきた。

去年はここで、気温マイナス40度の烈風のなか、小さな雪洞とツェルトで三日間耐え忍んだ。とにかく雪も氷も硬くて、深さ50センチほどの横穴を掘るのがやっとだった。その小さな氷雪の穴に上半身を押し込み、下半身はツェルトで覆い、寒さにガタガタ震えていた。そんな状況で天候の回復を祈ったが、デナリの女神はとうとう微笑んでくれなかった。雪煙の遥か向こうにある山頂を見上げながら、「少しはよか男になって、来年も登らせてもらうばい！」と捲土重来《けんどちょうらい》を自身に誓ったのだった——。

西稜をさらに一歩一歩登っていく。風はほとんどない。

稜線の5000メートル付近を登高中、岩の上からこちらを見ているワタリガラスのつがいを目撃した。

昨冬のデナリでも、ほぼ同じ場所で、ワタリガラスのつがいを見ていた。冬場だが、私の食料を狙って飛んで来たにちがいない。二年前の六月、フォレイカー登山では、私の不注意から五日分の食料をワタリガラスにほとんど食べられてしまうという苦い経験があった。

冬場のデナリ、標高5000メートルの環境は、酸素が地上のおよそ半分、気温は下がればマイナス50度からマイナス60度の世界。彼らの生命力のしたたかさ、食欲の強さには、脱帽するのみだ。

行動時間が限られているので、標高5050メートルの地点に荷物を埋め、ひと休みしてからキャンプ6に下り始める。荷物を埋めたこの場所は、三年前の夏のデナリでも荷上げに利用している。

氷壁の下降時には、ほかの登山者が夏季に残していった固定ロープの一部を掘り出し、そのなかで使える部分を確かめて、最終キャンプへの移動時に備える。

今日のような天気があと三~四日続けばと、ただただ祈る思いである。

今日一日が無事であったことをデナリの女神に感謝。

(注1) とがった先端を氷に打ち込んでねじ込み、支点にする〝大きいネジ釘〟のようなもの。

(注2) 両手に持ったピッケルやアイスバイル、アイスハンマーなどの先端(ピック)を氷に打ち込み、両足につけたアイゼンの前爪を蹴り込んで氷壁を登る方法。

最終キャンプ

三月六日

二十三時　最終キャンプ(雪洞、5240m)

曇り　南東の弱風~中風　気温マイナス30度　気圧527ヘクトパスカル

キャンプ6　八時五十分出発→最終キャンプ　十三時四十八分到着　雪洞の場所探し/荷物の回収に荷上げ地点(5050m)まで往復→最終キャンプ帰着　十六時十五分

ついに、最終キャンプ(キャンプ7)までたどり着いた。

高度障害からの頭痛は、ほとんどなくなった。二日前の荷上げと昨日の休養で、酸素の薄さに身体が慣れてきたようだ。

朝早いうちは好天だったが、九時ごろからデナリの頂上付近に雲がかかり始める。上部の霧と激しい気流は、行動している尾根までは下りてこず、安全に高度を稼ぐ。もしアタック中にこのような天候急変が起きたら、と考えるとぞっとする。

転落防止のため、氷壁の下にある狭いクレバスの両側に、直径8ミリ、長さ40メートルのロープを渡して固定する。昨日の荷上げ地点はそのまま通過し、最終キャンプに上がる。そこで雪洞が掘れる場所を探した後、荷上げ地点へ荷物を取りに下る。無事に荷を取り、ようやく最終キャンプに到着した。ここには、一〇日分の食料と一四日分の燃料を運び上げている。

すぐに、雪洞掘りに取りかかる。

900メートル近くの標高差を登ってきた後の雪洞掘りは大変だった。疲労が濃いうえに雪と氷が硬く、スコップを入れるのも容易ではない。懸命に掘っていると、はずみで跳ね返されたスコップが眼鏡に当たり、右フレームが折れてしまった。予備の眼鏡はキャンプ6に置いてきたので、ガムテープかテーピングテープで補修するしかない。

もうひとりの私が言う。

「予備を下のキャンプに置いてくるなんて、お前はバカだな。何のための予備かわからないじゃないか。サングラスの予備は二つも持ってきているのに、眼鏡のことは軽くみていたんだな。

うっかりしていいただって？　そんなことで無事に帰れると思ってるのか？

『山では、最後の最後まで、何が起こるかわからない』と、いつも口にしていたのはお前のほうじゃないか！」

……そのとおりだ。フレームを何度も見るが、壊れてしまったものはどうしようもない。眼鏡を手にして、私はしょんぼりしてしまった。

雪洞掘りに取りかかってから3時間半が過ぎ、どうやらそれらしくなってきた。

しかし、床の氷が硬くて水平に掘れず、床が入り口へ傾いた雪洞となる。横になってみると身体が入り口までずれ出して、外にいるのとあまり変わらない。もちろん、とても寒い。眼鏡といい雪洞といい、うまくいかないことが続く。

今日の行動は、私にとってかなりハードなものだった。だが、長時間一定したペースで行動できたのは、高所順応がまずまずであるとの見方もできる。

簡単な夕食をとり、二十三時過ぎに就寝。

横になり、ヘッドランプで外を照らす。雪洞の入り口に立てた赤い旗が、ふと目にとまった。

その旗の竿には、長さ約2メートルの篠竹を使っている。この篠竹は、私の出生地、大分県日田市に住む祖父母の家の裏山から採ってきたものだ。祖父と一緒に篠竹を採りに行き、それを焚き火であぶって乾かした。こうすると篠竹の油や水分が抜け、軽く強くなるのだ。

この篠竹の旗には、祖父母をはじめ家族や親類の皆からの〝安全祈願〟が込められているように思える。篠竹を眺めていると、遠く離れた日本の家族が見守ってくれているような気になり、なんともいえない安堵感が私を包んだ。

赤い旗が、暗闇のなかで静かに揺れている……。

三月七日　**二十時　最終キャンプ（雪洞、５２４０ｍ）**
晴れ　南の弱風　気温マイナス36度　気圧５３０ヘクトパスカル
休養のため最終キャンプで停滞

長く、そして寒い一夜であった。

七時の気温は、雪洞内でマイナス28度、外はマイナス32度。

曇天に霧がかかり、天候は良くない。

昨日の疲れもまだ残っていて、計画どおり休養日とする。

遅い朝食をゆっくりとってから、雪洞の中で作業を始めた。

折れた眼鏡のフレームは、布テープをコンロの火で温めてから巻きつけ、修理する。また、汗で凍りついた純毛のインナー靴を、コンロの熱で乾燥させる。

ここの気圧は、地上の約半分。酸素が薄く低温のため、コンロのパワーが上がらない。煮炊きや装備の乾燥にも時間がかかる。

面倒はそれだけではない。テントや雪洞内で火を焚くときは、絶えず換気に注意しなければならない。室内が狭く、一酸化炭素中毒に陥りやすいからだ。

ガソリンコンロなどの不完全燃焼で生じる一酸化炭素は、無色無臭なので発生に気づきにくく、吸い続けると死に至ることもある有毒ガスだ。このガスは空気中の酸素が不足すると発生しやすいため、高所ではより危険性が高くなる。テントや雪洞内の換気が充分かどうかは、ライターの炎の状態でチェックすることができる。酸素が不充分だと、とくに天井付近で火がきちんとつかないのだ。

予定していた作業を終えてから、雪洞入り口を補強した。

ＦＭラジオの天気予報では、アンカレッジの今日は曇り、明日は晴れとのこと。

現在、南風が吹いていることを考えると、アンカレッジの北約２２０キロに位置するデナリの天気は、いずれ回復する。天候次第だが、明日にアタックすることも考えている。

夕方には天気が回復し、晴れて微風となる。

厳しい寒気の流れ込みがないため、気温が極端には低くはない。昨年、ブロッキング高気圧の吹き出しによるブリザードに見舞われたときは、その直前に、標高４３３０メートル地点で気温マイナス50度以下を記録していた。

今回、ここでの気圧も、昨夜の５２７ヘクトパスカル、今朝の５２９ヘクトパスカル、そして今夜の５３０ヘクトパスカルとほぼ安定している。

気温、気圧、風から判断して、どうやら高気圧の中心がデナリに移動してきているものと思われる。ただし、もしブロッキング高気圧の場合、その内側から外れてしまうと強風域になり、烈風に身体を飛ばされかねない。ブロッキング高気圧の内側の好天に恵まれるか、それとも外側の荒天に捕まるかは、まさに紙一重で、アタック中の生死を分ける重大なポイントになる。

明日のアタックに備え、早めに寝袋にもぐり込む。

放射冷却のため、冷気がしんしんと身を刺してきた。

寝袋の中で丸く縮こまって、好きなあの歌を思い浮かべ、そして口ずさむ。昨冬の嵐のデナリで、私自身を励ますために歌っていた『マイ・ウェイ』を……。

たった1分の逢瀬

三月八日

二十時　最終キャンプ（雪洞、5240m）
晴れ　風向確認できず　気温マイナス28度　気圧529ヘクトパスカル
最終キャンプ　七時五十分出発→デナリ南峰（6190m）　十三時六分登頂
十三時七分下山開始→最終キャンプ　十五時五十分帰着
（登り＝5時間16分、下り＝2時間43分）

四時三十分に起床。

ついに、頂上へ向かうための三つの条件が揃った。

天候は安定している。ケガはなく、高山病の症状も強くは出ていない。気力が充実している。

冬のデナリに入山して二四日目の朝、ついに頂上アタックのチャンスを得たのだ。

朝食には、棒ラーメン一・五人分とチョコレートを食べ、コーンスープ二人分、さらに温かいスポーツドリンクと甘い紅茶をたっぷりと飲む。

アタックに持参する容量1・5リットルの魔法瓶に、熱い紅茶と砂糖100グラムを入れる。

アタック時の携行品は次のとおり。

大型ザック、ツェルト、テントマット、スコップ、ビニール袋（大）、コンロ、ロウソク、小型固形燃料、防寒着上下、予備手袋、赤旗をつけた篠竹と竹ヒゴ、小型無線機、ヘッドランプと予備電池、レンズ付きフィルム、テーピングテープ、地図と方位磁石、寒暖計、サングラスの予備、トイレットペーパー、リップクリーム、魔法瓶、五日分の食料と燃料、そして〝旅行〟安全のお守り。

出発時の天候は、晴れ、南の微風、気温マイナス27度。

雪洞を午前七時五十分に出発。

頂上を目指したものの、気になる点がいくつかあった。朝焼け、西の空にデナリの山影が水蒸気に映るブロッケン現象、そして頂上の南側に広範囲にある薄い雲など……。どれも、天候悪化の兆しである。

デナリ・パス（鞍部、5547m）へ向けてトラバースを始めた直後、ヒドン・クレバスに片足が奪われた。下まで落ち込めば、まず助からない。どうにか落ち着いて対処したが、そのヒヤリとした一瞬、母の言葉が脳裏をよぎった。

昨年二月、最初の冬のデナリへ発つ前夜のことだった。私は自宅で登山装備の最終チェックをしていた。お茶を運んできてくれた母は、部屋を出ようとしたときにふと、つぶやくように言った。

「あなたを産んでいないつもりで待っているから……」

母のやるせない思いに胸がつまり、私は言葉を失った。もしかすると、息子は戻らないかもしれない――そうも覚悟した母の切なさとともに、「元気で無事に帰ることを信じているからね」との深いメッセージを感じて……。

クレバスを　踏み抜く刹那《せつな》　母の顔

午前九時三十分。最終キャンプを発って1時間40分でデナリ・パスに到着。順調なペースである。デナリは、南峰と北峰をもつ双耳峰だ。ここデナリ・パスは両峰の中間にあたる鞍部にあり、分岐点になっている。

デナリ・パスのすぐ上で小休憩をとる。

大型ザックに腰を下ろし、西の方角に目を向ける。デナリの西稜を挟んで、南西にカヒルトナ氷河、北西にピーターズ氷河が３５００メートル隔てた眼下に広がる。フォレイカーはこちらを見上げている。

そして今、私は、昨年ただ立ちすくむことしかできなかった最終キャンプの地点を、遙かに見下ろしている。

確実に頂上へ近づいていることを実感。

頂上までの標高差、あと約６００メートル。

南の風が次第に強まると、出発時に頂上南側にあった雲のことがやけに気になりだした。なんとなく不吉な予感がする。

そこには興奮している私と、冷静なもうひとりの私がいた。

気温マイナス33度。向かい風のなか、頂上付近が霧で覆われ始めたデナリ南峰を背後に、アーチディコンズ・タワーの岩峰が突然、目の前に現れた。この岩峰へ続く尾根の上でひと息入れ、カロリーメイトとチョコレート、バナナチップを温かい紅茶で胃に流し込んだ。

霧のかかる南峰を見上げながら、「やはり、自分はガス男なのか?」と考えてしまう……。

一九九五年夏のデナリでも、今日と同じように頂上付近が濃霧だったので、この岩峰を南峰の頂上と間違えて登るという大きなミスを犯していた。

十一時五十分。最終キャンプを出発して、すでに4時間が経過していた。標高5900メートルの大雪原から、南峰へ続く最後の登りにさしかかった。

山頂までの標高差は、残すところ約300メートル。

南側からの不気味な風が灰色の雲を運び、頂上付近やその南側だけでなく、デナリ北峰までもがホワイトアウトの白いベールに包まれつつあった。

刻一刻と天候は悪化している。進むべきか、それとも戻るべきか……?

このとき、もうひとりの私との葛藤が始まった。

「急げ! 山頂はもう目と鼻の先だ」

頂上を目前にして、高揚している私が叫んでいる。

「落ち着け! 頂上直下の大雪原で霧に巻かれれば、死のビバークに陥るぞ!」

天候悪化を懸念している、もうひとりの醒めた私がいた。

少しの間だが、立ち止まって天候の様子をうかがうことにする。

高度をかせぐ速さ、天候悪化の度合い、そして、帰路での視界確保について考えてみた。

最終キャンプからここまでおよそ4時間、ペースは順調。このペースでいくと頂上までは1時間余り、さらに下山に約3時間が必要だ。

頂上に目を向けると、少しずつだが、やはり山頂にかかる霧が濃くなってきている。しかし、天候悪化に関係しているのは頂上南側にある薄い雲だけなのか、ここから低い場所ではまだ充分に視界がきいている。

霧の増え具合からみて、天候はゆるやかに悪化するのではないか。それなら、往路で立ててきた目印の赤旗が、帰路を導いてくれるだろう。山頂を目指してもキャンプまで戻れる。だが、もし天候が急激に悪化するなら、今すぐ引き返さなければならない。

最大のポイントは、頂上付近にかかる霧がいつ、どこまで急激に下りてくるかである。この点に細心の注意が必要だ。

頂上で長居はできないが、山頂までどうにか往復できると判断。

よし！「前進」と決意。

あとは時間との闘いである。

雪洞掘りの最中に壊した眼鏡の調子が良くない。補修の仕方が悪かったのか、すぐに右側のレンズが真っ白に曇ってしまう。途中で何度も立ち止まり、手袋でそのレンズを拭きとってみるがまったくの無駄。

しかも、酸欠でとうとう頭がおかしくなったのか、曇った右のレンズを舌でなめてしまった。一瞬にしてレンズの中心部が唾液で凍りつき、まったく見えなくなる。私は動揺し、順調だったペースがすっかり落ちてしまった。

左目だけで、頂稜直下のヒドン・クレバス帯をなんとか越える。やっとのことで、デナリ南峰へと続く稜線の上に抜け出した。

ここからおよそ50メートル高い位置に、北米大陸の最高地点がある。

一歩一歩、少しずつだが、確実に頂に近づいている。

稜線から南側は、濃霧で白一色の世界だ。北の方向には、デナリ北峰とアーチディコンズ・タワーの姿が霧の中にかろうじて見える。

冬季アラスカ山脈の厳しくもまた美しい自然に対して、畏敬の念を抱く。

大自然のなかで、私がいかにちっぽけな存在であるかを痛感。それと同時に、この世界によって、私自身が常に感動しながら生かされていることを実感する。

最後の大きな雪庇《せっぴ》（風の影響でできる雪の庇）を通過した途端、デナリの頂上が視界に飛び込んできた。


胸に込み上げてくるものがあり、とうとう身体が震え始める。

耳が遠くなっていく。

やがて、周囲からすべての音が消えた。

「ドクッ、ドクッ、ドクッ、ドクッ……」

聞こえるのはただ、酷寒の世界で私のいのちを維持している心臓の鼓動だけである。


十三時六分、デナリ南峰に登頂。

霧、南からの疾風、気温マイナス37度、気圧466ヘクトパスカルという気象条件だった。

感極まり、心で泣く。

寒さと風で涙が凍ってしまい、涙を流したくても泣けなかった。

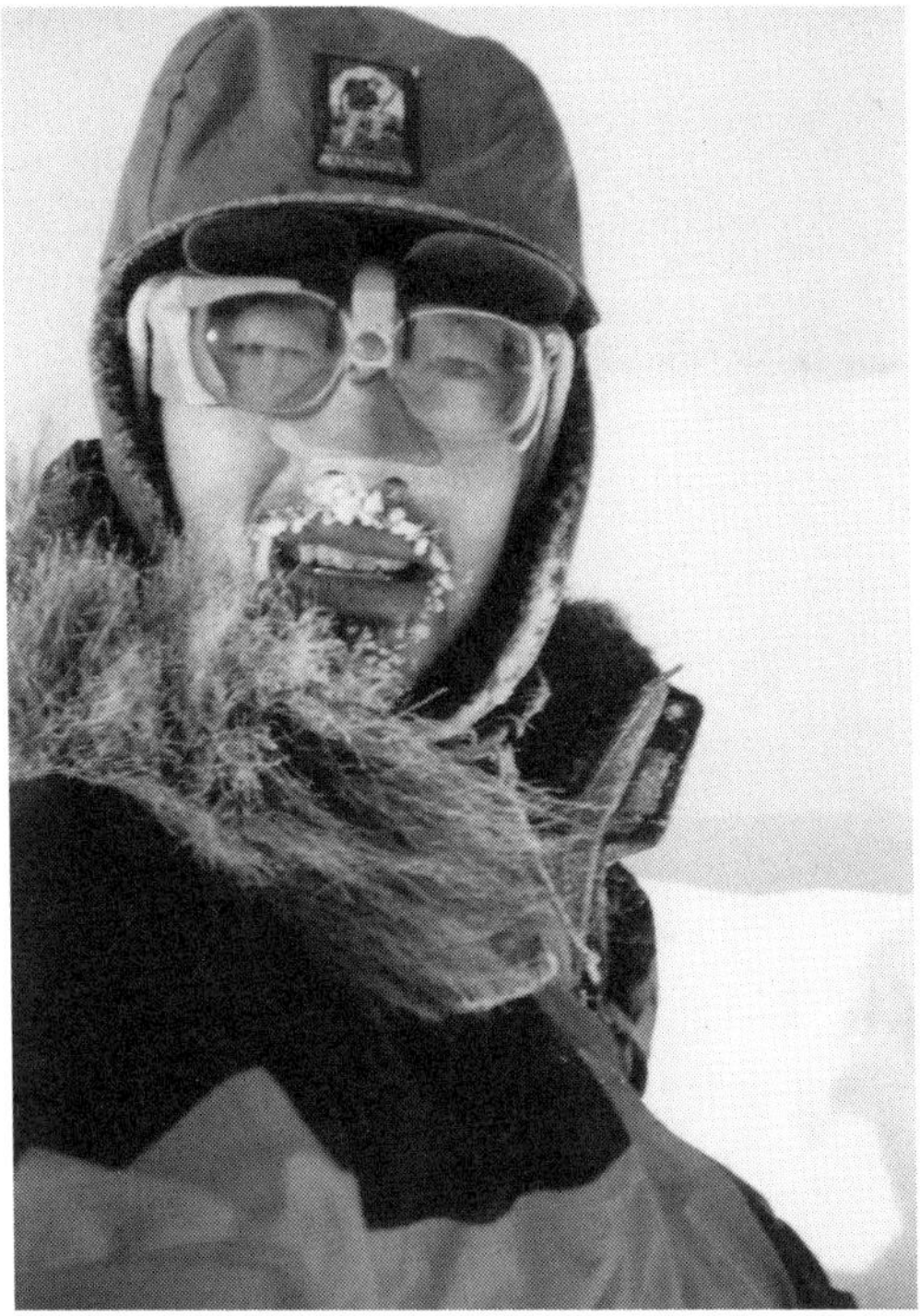

1998年3月8日午後1時6分。デナリ南峰に登頂。涙が凍り、心で泣く

ホワイトアウトのなか、デナリ北峰をバックにセルフポートレートを撮る。

右腕を精いっぱいのばして、レンズ付きフィルムと向かい合う。

レンズの向こう側にいる、もうひとりの私が叫んでいた――。


登頂していったい何が変わるというのか。

山が変わるわけではない。

それではなぜ、私は今こうして立っているのか。

山頂は何も答えてはくれない。

もし仮に、何かが少しだけ変化するというのなら、それは登山者の心の奥深くにあるものだろう。

山頂には登山者の夢がある。

その頂に立って夢がひとつ実現すると同時に、その夢は消えてしまう。しかし、また新たな夢がひとつ生まれる。嬉しいという気持ちと寂しいという気持ちが交錯する。こういう思考を繰り返すことにより、登山者自身の〝心の糧〟を少しずつ得ていくのだろう――。


登頂から1分後、霧の中の頂上に別れを告げる。

時間とともに霧が増し、さらに視界が悪くなってきていた。

慌ててはならないが、生きて帰るためには迅速に下らなければならない。

一歩、一歩、雪の斜面を下りながら、心の中でつぶやく。

「もっと天気が良ければ、山頂からの大パノラマをゆっくりと満喫できたのに――」

デナリの山頂を何度も何度も振り返りながら、再びこんな情景を思い浮かべていた……。

デナリに降りた一片の雪
烈風に運ばれ、カヒルトナ氷河にたどり着く
悠遠の時をかけて氷河を下り、カヒルトナ川に流れ込む
アラスカ湾に注ぎ込み、海流と合流する
太平洋で発生した厚い雪雲は、南風に乗って北上する
やがて、再びデナリの頂へ――
すべてがそうであるように
終わることのない旅をしている

二六日ぶりの交信

三月九日
二十時　キャンプ6（雪洞、4330m）
晴れ　北々西の弱風　気温マイナス25度　気圧592ヘクトパスカル
最終キャンプ　十四時十五分出発↓キャンプ6　十六時五十八分到着

日中は快晴で、夕方になっても晴れている。まさに、頂上アタックには最高の天気だった。もし、アタック日を一日遅らせて今日にしていれば、頂上からの景色を満喫できたのに……。
昨夜から今日の午前にかけて、高度障害で頭痛がひどい。夏に比べてかなり気圧が下がるからだろう。昨日の登頂時の気圧は、466ヘクトパスカルだった。

午前中は身体を休ませ、午後からキャンプ6に向けて下山を開始。

ここ二日間の日射で雪面が部分的に緩んでいて、まったく気が抜けない。ゆっくりと着実に、一歩一歩下りていった。

登りよりも下りのほうが危険性は増す。気の緩みや疲労で、スリップなどの事故を起こしやすいからだ。さっきは、今日アタックできないのを残念に思ったが、このもったいないようなアタック日和のおかげで、こうして安全に下降しているのだと言い聞かせる。

標高4940メートルまで下りてきたとき、ふとある光景に目を奪われる。きらきらと輝く、ダイヤモンドダストだった。

ダイヤモンドダストは、空気中の水蒸気が急激かつ極端に冷やされて小さな氷の結晶になり、浮遊する現象である。この自然の神秘に、しばらくの間うっとりと見とれていた。

キャンプ6に着いてまもなく、ダグさんの赤いセスナ機が飛んできた。

急いで無線機のスイッチを入れる。

「マサトシ、マサトシ、元気かい……?」

と、ダグさんの声が小さく聞こえるが、私の声は彼に届いていないようだ。

そこで、私は立って両手を大きく振り、「元気で順調」のサインを送る。それを受けて彼のセスナ機は「了解」と赤い翼を左右に振った。

これが今のところ、パイロット・ダグさんとの唯一の、そして心強いコミュニケーションだった。誰もいない冬のデナリで、長いひとりの山旅を安心して続けられるのは、彼のおかげでもあった。

三月十日　二十時　キャンプ6（雪洞、4330m）
晴れ　北の弱風　気温マイナス23度　気圧586ヘクトパスカル
休養のためキャンプ6で停滞

昨夜から今朝にかけて、少し風が出ていたようだ。雪洞の入り口に雪が吹き溜まっていた。快晴だが、ここ数日間の疲れをとるため休養日とする。

昼ごろになってごそごそと起きだし、大量に残っている食料を食べあさる。今日一日だけで、優に4500キロカロリー以上の食事をとった。

風がなく静かなキャンプ6から望むデナリ山頂付近は、強い北風で雪煙が上がっている。仮に今日、頂上アタックをしていても、三月八日と同じように厳しい一日だったろう。

それにしても、この冬のアラスカ山脈は、信じられないほど穏やかな天候が続いている。エルニーニョ現象が影響しているのかもしれないが、とにかく幸運なことだ。しかし、好天の後には必ず荒天がやって来る。デナリの天候が大荒れになる前に、下山したいものだ。

明日、天気が良ければ、キャンプ5を通過してキャンプ4まで下山する予定。

ここ数日の日射で、クレバスに架かるスノーブリッジが弱くなっているかもしれない。キャンプ6直下の厄介なクレバス帯を、気温があまり上がらない午前中に通過したい。

三月十一日　二十時　キャンプ4（3340m）
晴れ　西南西の中風～弱風　気温マイナス19度　気圧669ヘクトパスカル
キャンプ6　十時六分出発→キャンプ4　十四時四十二分到着

天気は良好だが、小さな雲が上昇気流で舞い上がっている。

予定どおり、キャンプ5を通過してキャンプ4に到着した。

キャンプ6からキャンプ5の間のクレバス帯では、スノーブリッジが薄くなっている場所もあり、下山ルートを部分的に変更する。

キャンプ5からキャンプ4の間には、登高時に気づかなかった小さなヒドン・クレバス四カ所を新たに発見。かなり気味が悪い。

十六時三十分、白い軽飛行機がキャンプ4の遙か上空を旋回している。

駄目で元々と、折よくテント内で温めていた無線機で呼びかけてみる。

「ブッシュパイロット。ブッシュパイロット。こちらはマサトシ。こちらはマサトシ。聞こえたら応答願います……」

「よく聞こえるよ。よく聞こえるよ。元気かい？　デナリはどうだった？」

「私は至って元気です。至って元気です。三月八日、山頂に立ちました。現在、標高1万1000フィートまで下山しています。このまま天気が良ければ、二日後の三月十三日にベースキャンプに着く予定です。以上のことを、タルキートナのダグ・ギーティングさんに伝言願います……」

「ラジャー。ラジャー……」

とうとう、入山時の交信以来初めて無線交信ができた。こうして二六日ぶりに人と話すと、なんだかほっとする。

山旅が長くなればなるほど、テントや雪洞、ドライフードの食事、ブリザード、そして氷点下の世界など普段の生活にはないことが日常化してしまい、そんな生活に違和感がなくなる。それと同時に、生ものから作った食事、暖かいコタツや布団、お風呂、快適なトイレなど普段の生活が、贅沢三昧にも似た非日常のことに思えてくる。

真紅に染まった夕焼け空を眺めながら、ゆっくりと夕食をとる。このひとときがたまらない。温かいココアをたっぷりと飲み、お湯で口をすすいでからハーモニカを楽しむ。『もみじ』『赤とんぼ』『まっかな秋』『家路』など、夕景色が歌われている童謡を吹く。

こうして、一二日ぶりにテントでの夜を過ごした。

星の瞬く夜に

三月十二日　二十時　キャンプ1（2195m）
快晴　東北東の弱風　気温マイナス18度　気圧784ヘクトパスカル
キャンプ4　十一時四十三分出発→キャンプ1　十七時二十五分到着

朝遅くまでぐっすりと眠り込んでしまい、昼近くの出発となる。

晴天のなか、キャンプ3、キャンプ2を通過してキャンプ1まで下山。

荷上げした食料と燃料の半分ほどが残っているため、ザックとソリがひどく重い。おかげでバランスをとるのが難しく、スキーでうまく滑ることができない。そこで、傾斜のある場所は、ソリを裏返して引きずりながら下っていった。

行動中、氷河上は東の弱風〜中風。標高4000メートルより上では、南々東の中風〜強風だろう。その高さにまばらに浮かぶ雲の流れから読み取れる。

登高時よりもカヒルトナ氷河の本流（中央）に近い下山ルートをとったため、新たなクレバス帯を通過することになった。

午後からは天気がさらに良くなり、快晴となる。

夕方近くになって、ようやくキャンプ1に到着。

ヘッドランプの二個目の予備電球までも切れてしまったので、今夜はロウソクの明かりで夕食をとった。

明日、ベースキャンプに下山する予定。無線交信時のダグさんへの伝言が正確に届いていることと、明日の好天とを祈る。


しーんと静まり返っている、アラスカ山脈の月夜。

しばらくの間、テントの外に出て、月明かりで青白く浮かび上がったデナリの雄姿に見とれた。

月が隠れてからは、いよいよ星の瞬きが鮮明に見えてくる。不思議なことに、瞬いている星の色が黄、緑、赤、青へと変化している。

こういう体験は過去に一度もない。

極北の夜空にきらめく無数の星に、すっかり夢中になっていた。


私にとって、冬のアラスカ山脈をひとりで旅すること……。

白夜の広がる夏を「陽」とするなら、深い闇に閉ざされた冬は「陰」の世界。気温マイナス50度、短い日照時間、地形をも一変させるブリザード。そんな過酷な自然に、ほんの束の間現れる、静まりかえった雪の白、岩の黒、空の青、そして夕焼け、さらに星の輝き。そこに身を置くことでしか体験できない、優しい自然との出会いがある。

単独行の魅力は、壮大な自然と渾然一体となる心境、そして一瞬一瞬に「生きる」ことへの感謝と悦びを感じることにある。しかも、そこには「もうひとりの私」がいる。まだ前進できるか、ここで引き返すべきか……。さまざまな葛藤のなかで、はやる気持ちを常に冷静に抑える「もうひとりの私」との対話がある。

登山は、食事や野営など「生活」そのものであり、かつ「旅」そのもの。山を旅しながらその自然に何度も深く感動し、そして私自身との対話を繰り返していく。だからひとりぼっちの山は、まさに「心を耕す旅」だと――。

デナリとの別れ

三月十三日

二十二時　タルキートナにあるダグさん宅にて
キャンプ1（2195m）　十時五十三分出発→ベースキャンプ（2200m）
十四時三十分到着　十四時五十分出発〈セスナ機で移動〉→タルキートナ　十五時五十分到着

今朝六時三十分の天候は快晴、東北東の弱風～中風、気温マイナス18度、気圧780ヘクトパスカル。

素晴らしい天気である。

デナリの女神が、私の下山を祝福しているかのようだ。

キャンプ1を出発してすぐに、ダグさんの操縦する真っ赤なセスナ機が近づいてきた。ベースキャンプに下山している私のペースを、確認しているのかもしれない。

祝福の合図なのか、ゆっくりと旋回しながら翼を左右に振っている。

しばらくして、彼のセスナ機はタルキートナの方向へと姿を消した。

ベースキャンプに近づくにつれ、風が弱まり汗ばんでくる。氷河の照り返しで暑くなり、ワンピースの上を脱いで袖を腰に巻きつけた。

最後の上り坂にさしかかる手前で、雪面につけられたクマのような足跡に気づく。私の手よりも大きいその足跡は、あたかもデナリへ登っていくかのように、カヒルトナ氷河の下流から上流へと続いていた。

一カ月ぶりに人に会う前に、まさか、こんな場所で動物の足跡に遭遇するとは——。私はその足跡に驚くとともに、親しみを感じた。

不思議なことに、今朝方、氷河を歩いているクマの夢を見た。その夢の中では、はっきりとクマの鳴き声と足音も聞いたのだった。

ベースキャンプに着いた後、その足跡はウォーバリーのものだとダグさんから教わった。……そうだったのか。旅の最中にずっと私を烈風から守ってくれた、ワンピースのフードに縫いつけている毛皮がウォーバリーだ。

なんだか、ウォーバリーに縁のようなものを感じる。私の山旅は、こんなふうにいつも動物の魂に見守られているのかもしれないな、と思った。

デナリに入山したのが二月十三日。今日で入山して二九日目、ほぼ一カ月が経過した。

太陽の高さや日照時間、山々の雪の状態、雲の流れ方、風の吹き方などから、季節が冬から春に変わりつつあることが感じとれる。

ここアラスカ山脈にも、やがて短い夏が訪れ、秋となり、そして再び冬が巡ってくる。私の山旅と同じように、すべてのものが終わりのない旅をしている。

十四時三十分、とうとうカヒルトナ氷河のベースキャンプにたどり着いた。

振り返ると、遙かなる碧い天空にデナリ南峰が悠然とそびえている。

デナリの女神に向かって、「どうもありがとう」と告げた。

笑顔で迎えてくれたパイロットのダグさんと握手を交わし、彼のセスナ機に乗り込んだ。彼はこのベースキャンプで、いつも私の山旅を最後に見送ってくれる人であり、そしていつも最初に出迎えてくれる人でもある。

今日で、私の「垂直の旅」は終わり。白い雪と蒼い氷をまとった美しいデナリともお別れだ。

感慨にふけるまもなく、セスナ機が離陸した。

この「離陸」が、私にとって「憧れの山」と「現実の世界」の境目になっている。カヒルトナ氷河を見下ろしていると、これまでのことが夢の中の出来事のように思えてきた。私は急速に現実に引き戻されていく。

眼下に広がる氷河と山々を眺めていると、これまでのアラスカ登山最終日と同じ思いが込み上げてくる。充実していた山旅の日々を思い浮かべながら、「まだ、もう少し山にいたい」という未練がわいてくるのだ。

その未練を振り切るように、機体はぐんぐん飛んでいく。銀色に輝く氷河の上空を旋回しながら、町に向かっている。私はいつのまにか、「町は近いぞ、もうすぐだ！」と、二九日ぶりのシャワーやベッド、そしてご馳走の待つタルキートナへと急いでいた。

そのときにはまだ、タルキートナのピザレストラン「マッキンリー・デリ」のオーナーのダウンさんとコックのティンカーさんから、お祝いの「特大マッキンリー・ピザ」がダグ・ギーティング航空の事務所に届けられているとは、夢にも思わなかった。

水平の旅 ———— アラスカ徒歩縦断 1400 キロ

リヤカーを引いて、目指すゴールは北極海

北極海
バロー
7/6(18時) プルドー・ベイ
トランス・アラスカ・パイプライン
6/28 ハッピー・バレー
ブルックス山脈
6/14 アティガン峠超え
コッツビュー
6/8 ワイズマン
6/5 コールド・フット
カナダ
北極圏
5/30 北極圏到達
ビーバー
5/17 マンレイ・ホット・スプリングス
ユーコン川
5/5 フェアバンクス
4/30 クリアー
4/26 ヒーリー
デナリ国立公園
デナリ
ホーリークロス
4/22 キャントウェル
タルキートナ
4/14 トラッパー・クリーク
4/3(11時) アンカレッジ
アラスカ鉄道
バルディーズ
スワード
ホーマー
100km
アラスカ湾

1998年のアラスカ徒歩縦断ルート

のんびり歩こう！　リヤカー引いて

デナリの山旅を無事に終え、一週間が経過した。新たな旅支度のため、私はアンカレッジの宿に戻ってきた。私のアラスカの旅はまだ終わらない。これから「水平の旅」が始まるからだ。

「水平の旅」とは、リヤカーを引きながらアラスカの大地を南から北へと歩いていく旅である。太平洋側のアンカレッジから北極海側のプルドー・ベイまで、その距離およそ1400キロ。キャンプをしながら、自分の足でアラスカを縦断するのだ。その道のりにあるタイガの森やツンドラ地帯には多くの河川が流れ、湖沼が点在し、丘や峠が連なり、そして木が一本も生えないノース・スロープ地帯（ブルックス山脈より北の大平原）も広がっていることだろう。

もちろん、1400キロを歩く以外の方法でも目的地には着ける。同じ出発地から、たとえば飛行機なら約2時間、車を飛ばせば数日で、プルドー・ベイの地を踏めるのだ。とても速くて便利な乗り物がある。

しかし、速さや便利さだけを求めていくと、旅の途中にある多くのものを見落としてしまうことになる。それがもったいないと思えてならない。だから、私は歩いていきたい。山旅と同じように、一歩一歩、ゆっくり歩いていくプロセスを楽しみながら。

だが、そうはいっても、テント、寝袋、食料、飲料水など生活物資一式を背負って歩くのは、長距離ではかなりつらい旅になる。その点、リヤカーなら荷が多くなってもうまく働いてくれそうだ。ソリで登高するアラスカ登山のスタイルから、私はリヤカーでの縦断を思いついた。

リヤカーを引きながらだと、よりゆっくりとしたペースになるはずだ。まさに、私の旅にうってつけの道具である。

時速4キロの旅で見えてくる世界は、実にさまざまだろう。あるときは人々と出会い、あるときは小動物と戯れ、またあるときは風や草花との対話があるだろう。道中の川や湖では魅惑的な魚釣りが待っているに違いない。

しかし、楽しいことばかりでもないとは思う。途中、数百キロも町や村がない区間も通らねばならないし、未舗装でひどい悪路を歩くこともあるだろう。さらに、グリズリー・ベア（ヒグマ）など危険な動物と遭遇するかもしれない。それでも、一応の心構えをしたうえで、よりシンプルに、より自然に即したスタイルで、アラスカの大地を旅してみたい。自分の足で歩かなければ見えてこない、アラスカの自然とそこに生きる人々の呼吸を感じ取りたいと強く思ったのだ。

こんな思いを胸に、私は「水平の旅」への第一歩を踏み出した。旅は今、始まろうとしている。

わずか三週間の休養と準備

デナリ下山から徒歩旅行出発までの三週間を振り返ってみる。

下山後の一週間は、タルキートナでゆっくりと休養した。そこでは入山前と同じく、パイロットのダグさんのお宅に泊まる。一カ月間も風呂に入れなかった反動から、一日二回はダグさん宅の庭にあるジャグジーに入浴した。

アラスカ山脈を源流とするスーシットナ河畔にあるこのジャグジーは、ロケーションが実に素晴らしい。一面銀世界の昼間は、湯船につかりながらアラスカ山脈が一望できる。さらに夜は、いい湯にくつろぎながら、星空をバックに神秘的なオーロラの炎を見上げることもあった。

実は、この贅沢なひとときを共にした日本人の親子がいる。福岡からラジオ番組の取材で来てくださった津川洋二さん、長男で通訳担当の透乃《とうの》さんである。アメリカに留学経験がある大学生の透乃さんは私と同世代であり、すっかり意気投合した。再び私は、ダグさんの操縦するセスナ機で津川さん親子とともにデナリのベースキャンプを往復した。

休養しつつ、日本にいる家族や友人、そして、これまでアラスカの旅でお世話になった方々に絵はがきを書く。その数、およそ一〇〇枚。

宛名書きの合間に、タルキートナのダウンタウンへ出かける。

観光シーズンにはまだ早い三月中旬、ダウンタウンは閑散としている。おそらく、旅行者は私だけだろう。人口が四〇〇人にも満たないこの町では、多くの住人が私の登山を知っている様子だった。行く先々で、町の人から声をかけられる。

「おめでとう！　マサトシ。まったく、たいしたもんだな。これからは、君のことを『サ・ム・ラ・イ』と呼ばせてもらうよ」

と、通りを歩いていたおじいさんから、握手を求められた。

「虫歯の具合はどう？　あなたのことを『虫歯を我慢してデナリに登ったタフな人』とちまたの噂で聞いたわよ」

と、ダグ・ギーティング航空の事務員、ローラ・ウルブスタッドさんからも話しかけられる。

デナリ登山の規則である下山報告をするため、レンジャー・ステーションに足を運んだときは、「おめでとう！　そしてお疲れさま、マサトシ。本当に、無事でなによりだね。ところで、来年の冬はどの山に登るんだい？　おそらく次は、デナリの〝妻〟と呼ばれるフォレイカー登山を計画しているんじゃないのかな？」

と、レンジャーのダリル・ミラーさんから、意外な言葉をもらう。

私はもう、嬉しくてしかたがない。なぜなら、「冬季登山、単独登山はおおいに反対！」の姿勢であるレンジャーたちから、来年の「冬季単独」登山の目標を提案してもらえたからである。私の次なるアイディアを、彼らは読んでいたようだ。今回のデナリ登山よりも、むしろレンジャーたちから少しでも認めてもらえたことを、私は素直に喜んだ。

タルキートナを離れる日となり、パイロットのダグさんをはじめ友人たちに別れを告げる。津川さん親子が交替で運転するレンタカーで、デナリ国立公園まで一度往復してからアンカレッジに戻る。シーズン中は多くの観光客やトレッカーで賑わうこの国立公園も、三月下旬ではまだ雪が多く、車では入り口から6キロほどしか進めない。残念なことに、野生動物を一度も見ることはなかった。しかし、アンカレッジからデナリ国立公園まで延べ385キロのハイウェーの下見ができたので、とても心強い思いをした。

真っ白な雪を戴いたタルキートナ山脈が、夕日で次第に紅く染まっていく。夕焼け空に茜雲がぽつんぽつんと浮かんでいる。アンカレッジに戻る車窓からの景色はとても穏やかで、これから始まる「水平の旅」への不安がほんの少し和らいだ。

アンカレッジ滞在中の二週間は慌ただしい日々が続いた。二月上旬のデナリ出発前と同じように、加藤さんのB&Bを拠点にして下山報告や出発準備などに追われる。また、デナリ登山で痛い思いをした例の虫歯も、何とかしなければならなかった。そこで、ミッドタウンにある歯科医院へ行き、この「水平の旅」の期間をしのげるように一時的な治療をしてもらう。

下山報告に訪れた日本総領事館でも、徒歩旅行に役立つ情報をいただく。

ここに、アンカレッジからプルドー・ベイまでのルート情報を紹介する。これらの情報は、アラスカのガイドブックなどのほか、日本総領事館、東京にあるアラスカ州政府日本支局から得たものである。

・アンカレッジ―プルドー・ベイ間の距離は約1400キロ。
・北上ルートに選んだハイウェー（主要な幹線道路）は順にグレン・ハイウェー、パークス・ハイウェー、スティーズ・ハイウェー、エリオット・ハイウェー、ダルトン・ハイウェー。
・北上ルートのうち、初めの640キロは舗装道路、残りの760キロが未舗装道路。
・未舗装道路は舗装道路に比べて路肩が狭い。また、疾走する車から砂利などが飛んでくる可能性がある。
・各々のハイウェーで大きな交通事故が発生している。未舗装の産業道路であるダルトン・ハイウェーでは、旅行者の運転によるスリップ事故が、夏季のシーズン中に集中して起きている。
・アンカレッジ―フェアバンクス間（580キロ）はいくつかの町や村があるが、フェアバンクス―プルドー・ベイ間（820キロ）にはほとんどなく、食料物資の補給が困難。

・夏季が短い北極海岸にゴールするには、四月中にアンカレッジを出発するのが順当策。
・人命にかかわる危険な動物、グリズリー・ベアやムース（ヘラジカ）と遭遇する可能性がある。なお、アラスカには毒ヘビ、毒グモ、毒サソリのたぐいは生息していない。
・今年のアラスカは暖冬のため春の到来が早く、冬眠していたクマが例年よりも早い時期に活動を始めている。
・夏季には、北部のツンドラ地帯を中心に大型の蚊が大発生する。
・一九九七年、地元の学生がバルディーズ（アンカレッジから東へ200キロに位置する港町）からプルドー・ベイまでを歩いた。車による食料補給を受けながら、トランス・アラスカ・パイプライン（プルドー・ベイ油田の原油をバルディーズまで輸送する、長さ1287・2キロに及ぶパイプライン）の補修道路をたどった。
・過去、ダルトン・ハイウェーの北上を日本人男性が自転車で試みたが、悪路のため途中で引き返した。

このような情報収集と並行させて、私は次のような「水平の旅」のプランを立てた。

・荷を運ぶ手段はリヤカーとする。今回使用したのは「カート」と呼ばれる折りたたみ式のアルミ合金製リヤカー。使用時は幅78センチ、長さ145センチ（荷台だけでは96センチ）、高さ57センチ、重量15キロと、小型のものを選んだ。値段は四万九八〇〇円なり。日本で購入したものをアラスカに持ち込む。

・出発して間もないうちは、一日の歩行距離を15～20キロとする。その後、一日30キロ程度に延ばす。後半の未舗装道路では一日の歩行距離を抑える。
・アラスカでは車や自転車は右側通行なので、右側の歩道または路肩を歩く。
・交通事故を避けるため、自分の存在をできるだけアピールする。明るく目立つ服装にして、リヤカーの側面と後部に反射プレートを取りつける（リヤカーを引いて歩くこと自体、かなり目立つのだが……）。
・大ケガや病気など緊急の場合、フェアバンクスまでなら途中にある町の病院に、そこからプルドー・ベイまでなら石油パイプラインの中継基地に行き応急処置を受ける。
・アンカレッジ―フェアバンクス間では、四～五日歩けば食料品店か飲食店がある。そこで水と食料を補給する。
・フェアバンクス―プルドー・ベイ間では、随時の食料補給ができないので郵便を利用する。デナリ登山で残ったドライフード、カロリーメイト、スポーツドリンクなど各種食料を、まずアンカレッジからフェアバンクスに局留めで郵送。フェアバンクス到着時には、さらに420キロ北にあるコールド・フットへ同じく局留めで郵送する。
・町や村が極端に少ない後半は、携帯浄水器を使い河川から飲料水を確保する。
また、グリズリー・ベアとムースから身を守るため、次のような対策をとった。
・両方の靴にクマよけの鈴をつけ、歩行中は絶えず音を鳴らして人間の存在をアピールする

（釣り竿の先につけるフィッシングベルを使用）。
・すべての食料は三枚のビニール袋で包み、においを外にもらさない。
・テント内に食べ物のにおいがつかないよう、料理と食事は外ですませる。
・動物にテントごと襲われるような最悪のケースを想定し、威嚇射撃の目的で拳銃を携行する。

アンカレッジのミッドタウンには、食料品をはじめ日用雑貨、アウトドアスポーツ用品などを取り扱う大型店がある。そこでは、出発後一週間分の生鮮食品、小型ナイフ、携帯浄水器、釣り道具、リヤカーの予備タイヤチューブ、タイヤの空気入れ、パンク修理キット、銃弾、そして蚊よけネットやスプレーなどを購入。一カ月半前の入山準備のときと同じく、加藤夫人の運転で買い出しをした。加藤さんの子供たちには食料の仕分けと梱包を手伝ってもらったので、おおいに助かった。

クマ対策の拳銃は、友人のトム・マチューーガさんから借用する。種類はＳ＆Ｗ・44マグナム。四四口径で弾が大きく、拳銃のなかでは大型でかなりの威力がある。

また、北極圏内の小川では、もしかすると私でも砂金が採れるかもしれない、とわずかな希望を抱く。そこで、留学生の友人・青木政文さんから、砂金を採るための平鍋・ゴールドパンを借用する。

出発を翌日に控えた四月二日の午後、どうにか荷物の整理を終える。ダウンタウンの郵便局に行き、前述どおりフェアバンクスへ食料類を発送した。

その日の午後、太平洋側のクック入り江の海岸に、私はひとり立っていた。海水に手を浸すというセレモニーを行うためである。四月に入ったばかりの入り江には、いまだに無数の氷塊がひしめきあって流れている。ふと見上げると、一羽のワタリガラスが風に乗っている。空は厚い雲に覆われ、潮流に乗った氷には泥や砂が混じっていて、灰色の世界がどこまでも広がっていた。

太平洋と北極海の両海水に手をつけるこのセレモニーは、アンカレッジ在住のバーン・ティハスさんから勧められた。バーンさんは、一九八八年三月、冬季デナリ単独登頂に成功した人である（冬季第五登、冬季単独第二登）。私の下山をタルキートナで歓迎してくれたバーンさんには、その後アンカレッジで食事をごちそうになる機会があり、その席で彼が「せっかくの機会だから、何か儀式的なことがしたいね。両方の海水で君の手を濡らしてみるというのはどう？」と提案してくれたのだった。

彼はその意味に触れなかったが、私にはなんとなく伝わるものがあった。〝海抜ゼロ〟から出発してアラスカの大地を歩いてゆき、そして再び〝海抜ゼロ〟にたどり着くという「水平の旅」。その旅の最初と最後にふさわしいセレモニーだと——。

太平洋の海水に自分の手を浸し、「水平の旅」の道程に思いを馳せる。目を閉じると、プルドー・ベイに立ち、夏の北極海をこうして眺めている自分自身の姿が脳裏に浮かんだ。

「水平の旅」へ出発！

「それでは、行ってきまーす！」

四月三日午前十一時、アンカレッジのダウンタウンからリヤカーを引いて出発。B＆Bのガレージでは、加藤さんの家族と留学生の友人・戸上省吾さんたちの見送りを受けた。天気は曇り、気温は13度と少し肌寒い。

スタートして5分後には、早くも日本料理店「KAZE（風）」に寄り道をしてしまった。店のマスター・大山卓悠《たかはる》さんから「昼食に持っていきなさい。ただし、クマに食われないように」と、お寿司をいただく。じつにありがたいが、差し入れの弁当はこれで三つにもなってしまった……。ほかの二つは、日本人留学生のお世話をされているシゲコ・フォスターさん、そして加藤夫人からのものである。三食分の弁当は、今日の昼食と夕食、さらに明日の朝食にいただくことにする。

ダウンタウンを抜けるまでは信号機が多く、何度も立ち止まった。歩道を行き交う人々や多くのドライバーから、声援とそれを意味するクラクションの「ププーッ！」を送ってもらう。彼らはみな好意的で「なんだか、面白そう！」という視線を送ってくる。引いているリヤカーに興味津々のようだ。

「どこまで歩いて行くの？」
「いつ、北極海にゴールするつもり？」
「どうしてこんな旅をするの？」

沿道の歩行者とドライバーから質問攻めにあう。出発前から気がかりだった「もし、白眼（冷たい眼）で見られたら……」との思いが、すぐにどこかへ吹っ飛んでいった。出会う人は皆、歓迎を意味する「青眼」で接してくれる。「青い眼の人が多いからかな？」と駄洒落のようなことを考える。

ハイウェーから少し入った空き地で、昼食の休憩をとった。大きな石に腰かけ、弁当の巻き寿司を頬張る。飛行場が近くにあるからだろう、軽飛行機が次第に高度を下げていた。空を仰いで食べる弁当は、とてもおいしい。

突然、「ジャーッ」という大きな音とともに、ひどい悪臭が鼻をついた。横に停まっていた大型トラックへ目を向けて、初めてこの悪臭の原因を知る。てっきりガソリンを運ぶタンクローリーと思っていたが、じつは屎尿《しにょう》を積んだバキュームカーだったのだ。昼食にと立ち寄った空き地が、まさか下水処理場の中継地だったとは……。あたりを注意して見回すと、「注意！　ここは……」ときちんと案内板が立っていた。

作業をしていた運転手のおじさんが、こちらを見て大きく手を振った。

「せっかくのランチタイムに悪いね〜。けど、これも仕事だからさ」

午後五時を過ぎる。大型トラックの積載重量を量るウェイト・ステーションの駐車場でひと息入れる。そこにはすでに友人の戸上さんと青木さんが、「調子はどうですか？」と心配して様子を見に来てくれていた。

慣れない動きのせいか、まだ20キロも歩いていないのに脚がかなり疲れてきた。ぶっつけ本番でリヤカーを引いているのだから、仕方がない。てくてくと歩きながら、自問自答する……。

「こんなことで、ゴールにたどり着けるんだろうか？」

「まっ、先を急ぐことはないか。ゆっくり道草でも食いながら、アラスカを存分に楽しもう！」

北へと進んでいる私の胸中には、始まったばかりの旅に対する期待と不安が同居していた。

アメリカ空軍の基地が、今晩泊まるキャンプ場のすぐそばにあった。「ゴーッ」という物凄い爆音を上げながら、ジェット戦闘機が着陸のために低空飛行をしている。

道路はラッシュアワーとなり、家路を急ぐ車の往来が激しい。ハイウェーわきの歩道を歩きながら、知らず知らずのうちに自作の歌を口ずさんでいた。

ジェット戦闘機と車とリヤカー
時速2500キロと100キロと4キロ
爆音と排気音と足音
ジェット燃料とガソリンとお弁当
広いようで狭いこの地球
そんなに急いでどこへ行く
速いことは「得」のようで「損」をしている
速いことは過程が見えにくい
遅いことは途中の経過が楽しめる
だから急がない慌てない
ゆっくり道草しながら、のんびり歩こう
歩かなければ決して出会えない
素晴らしい世界がそこにある

ようやく、キャンプ場の管理棟らしき建物が丘の上に見えてきた。くたくただったが、長い坂をなんとか上りきる。大きなゲートの前に立つ守衛さんに尋ねてみた。
「キャンプ場はここですか?」

身長2メートルほどのいかついた大男は、にっこり笑って親切に答えてくれた。

「ここは刑務所だよ。キャンプ場は丘の下だが、時期が早くてまだやってないね。まあ、テントを張っても問題はないが……。それとも、今晩はココに泊まっていくかね……？」


（四月三日。北極海まであと1379キロ）

三日目にして停滞

出発初日に泊まったイーグル・リバー・キャンプグラウンドを後に、パークス・ハイウェーを北に進む。

ハイウェー本線は除雪されているが、歩道にはいまだに残雪がある。リヤカーの車輪とスニーカーが雪に埋まり、思うように進めない。予定していたキャンプ地より7キロも手前にあるミラー・レイクという湖の畔にテント場を探すことにした。

湖畔を歩いていると自家用トラックが一台通りかかったので、聞いてみる。

「この近くに、テントが張れるような公園はありますか？」

ドライバーは、ひどく驚いた様子だった。

「あっ、君、もしかしてジャパニーズ・カリブー？　今日の新聞やテレビのニュースで君のことを知ったんだ」

そして彼は続ける。

「今晩、隣人の家でパーティーがあるんだが、もしよかったら一緒に行かないか？　うまいものがたくさん食べられるよ」

「ありがとう、参加させてもらいます」

と、私は即座に話にのった。

ドライバーの名はジョン・ペックスさん。測量の仕事をしている人だ。

彼の友人宅で開かれたパーティーは、各家庭からそれぞれの得意料理を持ち込んでの立食形式だった。およそ三〇人のアラスカン（アラスカの人々）に交じって、会話がすすむ。

「日本のどこに住んでるの？」

「日本列島の南部にある『キュウシュウ』という島。その北部にある『フクオカ』というシティーに住んでいます」

「フクオカ・シティーの人口は？」

「一三〇万人ほどです」

「ひゃ〜、アラスカ州の二倍以上だ。で、君は日本で何をしているの？」

「去年の春に学生をやめて、今は旅のためにアルバイトをしています」

「リヤカーを引いているんだってね。いったいどこまで歩くの？」

「北極海のプルドー・ベイまで。ここから、ざっと１４００キロです」

「マサトシ、君は正気かい？　北のほうはクマの王国だぞ！」

「クマについては、一応の心構えをしていますが……」

東洋からやってきたカリブーに、みな興味津々のようだ。私が何をどう答えても面白いらしく、身振りを交えて新鮮に驚く。目を輝かせ身を乗り出すように反応してくれるので、こちらも話すのが楽しくなる。

「君、かなりクレイジーだね。そういえば、クレイジーな日本人をもうひとり知っているよ」

「誰ですか？」

「一カ月ほど前にデナリをソロで登った人だよ。冬にひとりで。まったく、よくやってくれるよ」

デナリを下山してから、何度もこんな表情のアラスカンを目にした。

私はぽつりと言った。

「……それ、私ですけど」

「え〜っ！」

皆の口から悲鳴にも似た歓声が漏れた。

「あなたがそうだったの！」「そのときの話を聞かせて！」と、またもや質問攻めにあう。パーティーは夜更けまで続き、登山や徒歩旅行、日本の話題で、おおいに盛り上がった。その晩はペックス夫妻の厚意に甘えて、シャワーや暖かいベッドのあるお宅に泊めてもらった。


翌日は昼ごろまで寝坊してしまったので、早くも停滞日と予定変更。前日は慣れないリヤカーを引いて20キロも歩き、その後、夜更けまでのパーティーでかなり疲労していた。

日曜日ということもあり、午後からジョンさんや近所の子供たちと一緒に、ミラー・レイクでアイスフィッシングに夢中になる。アイスフィッシングとは、凍った湖面にドリルで穴を開けて釣り糸を垂らす魚釣りだ。釣り餌にはイクラを使用。釣れたレインボー・トラウト（ニジマス）はガーリックバターで焼いて味わう。新鮮なので、シンプルな料理がいちばんうまい。

その日の夕方、ジョンさんが運転するトラックで、明日歩く道路の下見に連れて行ってもらう。

歩道に残る雪の状態によって、ハイウェーの路肩を歩くかどうか判断するためだ。

パティさんは助手席に、ペックス夫妻の飼い犬・スピアートと私が後部座席に仲良く座り、ハイウェーを約20キロ北上。おかげで、次のキャンプ予定地と歩道の状況が把握できた。リヤカーでは一日かかる距離も、車を飛ばせばわずか15分足らず。やはり、車は速かった……。

「マサトシ、日本にいる両親と同じように、私たちもあなたのことを心配しているのよ。これから先、何かあったらすぐに連絡しなさい」

とは、パティさん。

「これからしばらくは、夕方ごろ、君の様子を見にドライブして来るよ」

ハンドルを握っているジョンさんが言った。

ふたりからのご厚情に、胸がいっぱいになった。

それから一〇日間は、ほぼ毎夕ハイウェーの下見に連れて行ってもらった。

先のパーティーには、ペックス夫妻の親友であるバンコーテン夫妻が来ていた。夫妻から次の日の夕食に招待されたので、ペックス夫妻とともに新築の家にお邪魔することになった。彼らの自宅はアンカレッジから約50キロ離れたイーグル・リバーの上流にあり、四月上旬でも周囲はいまだに銀世界である。バンコーテン夫人の料理の腕もさることながら、食卓から窓越しに数頭の野生のムースを見たときには、しばらく呆気にとられて食べることも忘れてしまった。

アンカレッジを出発し、その翌日には早くもアラスカンのお宅にお世話になり、三日目でさっそく停滞とは……。まったく、先が思いやられる。この時点で、どうやら徒歩旅行のペースが決まっ

ミラー・レイクでのパーティーに参加する。中央がジョン・ペックスさん。左端がイーバー・バンコーテンさん（撮影：パティ・ペックスさん）

たようだ。

（四月四日〜五日。北極海まであと1362キロ）

「水平の旅」の心得とは

「水平の旅」を思いついたのは、私が十九歳のときに読んだ『アラスカ物語』（新田次郎・著）と、これまでのアラスカの山旅で体験した自然の美しさ、人の優しさに深く感銘を受けたことによる。

『アラスカ物語』は、明治時代、宮城県出身の主人公フランク・ヤスダが、食料不足や疫病で滅亡に瀕したエスキモー（注1）の一族をポイント・バローから救出し、彼らを率いて〝氏族移動〟を達成、大河ユーコンのほとりにビーバー村を創立する実話である。

一族が北極海からツンドラ地帯を経て、さらにブルックス山脈を越え、アラスカ内陸部へとサバイバルを繰り返す過程はまさに壮絶だ。物語では、普段は優美な大自然が時に猛威をふるうさまが、繰り返し描かれている。

三年前から毎年アラスカ山脈を訪れている私が、未知の世界である北極海やツンドラ地帯、ブルックス山脈、そしてそこで生活している人々などに興味を抱き始めたのは自然の成り行きだったかもしれない。

とはいえ、いったん山に入れば、そこは登山者だけの世界。特に冬場は、ほかの登山者に会うことはまずない。また、これまでは日程が限られていたため、登山の前後に現地の人々と交流する機会がほとんどなかった。物足りなさを感じてはいたが、仕方がないとあきらめていた。

しかし、山旅を生活の中心に据えるために学校をやめ、アルバイトで生活を立てるようになった今なら、それほど時間に拘束されることはない。ようやく私は、長い旅をするだけの充分な時間を得ることができたのだ。アラスカで多くの人々と出会い、友人をつくりたい。また、山だけでなく、平地の自然ともふれあいたい。アラスカに対する私の思いは、溢れんばかりになっていた。

その思いはやがて、歩いてアラスカを縦断する「水平の旅」の決意へとつながる。学生からフリーターに転身して間もないころだった。

徒歩を選んだ理由はきわめて単純である。山旅から得た「自分の足で歩く」悦びを、水平（平地）の旅でも経験したいと思ったからだ。

人が本来もっている速さでの移動手段とは、「歩く」ことにほかならない。この一歩一歩、歩いていくなかでしか見えてこない世界がたくさんある。道端にひっそりと咲く花。林を吹き抜ける爽やかな緑の風。梢から聞こえる小鳥たちのさえずり。そして、行き交う人々との出会い……。

当然、雨に打たれることもあれば、吹雪に見舞われることもあるだろう。汗をかき、靴は濡れ、雨ガッパは泥まみれになってしまう。それでも、私は自分の足でアラスカの大地をゆっくりと移動していきたい。

なぜなら、速い移動は時間的に得のようだが、「過程を楽しむ」というスタンスからは、損をしているように思えるからだ。


この「水平の旅」では、自身に「ジャパニーズ・カリブー」のニックネームをつけている。

カリブーは、アラスカやカナダに生息する野生のトナカイだ。春から夏にかけて、出産のために内陸部から北上した何千何万というカリブーの群れは、北極圏の東西960キロにも延びるブルックス山脈を越え、ツンドラの広がるノース・スロープへと遠大な旅をする。

私は、カリブーの移動の壮大さに感銘を受けた。

私の旅もカリブーと同じように、春から夏にかけてアラスカの大地を北上してゆく。そこで、この「水平の旅」をカリブーの季節移動のルートに重ね合わせ、自分自身をカリブーと称することにしたのだ。

北への大移動(?)を始めるにあたっては、私の〝愛車〟であるリヤカーの側面に「JAPANESE CARIBOU」、もう片方の側面には「MASATOSHI KURIAKI」、前面には「HIGHWAY EXPRESS」のステッカーを貼った。

「JAPANESE CARIBOU」もさることながら、平均時速4キロの〝超鈍行列車〟に貼られた、高速を意味する「HIGHWAY EXPRESS」は、沿道の人々から大好評を得た。

この旅の趣意は、アラスカの大自然を堪能することと、そのような環境のなかで毅然として生きている人々とのふれあいをとおして人間の原点を見つめ直そう、というものだ。したがって、前述のように「のんびりと徒歩を楽しんで」が旅のモットーである。
アンカレッジを出発する前に、次のような徒歩旅行のルールを決めていた。

「水平の旅」の心得

一、決して急がずに徒歩そのものを楽しむこと。
一、アラスカの大自然を身体で感じること。
一、時速3マイル（約4・8キロ）以上の速さで歩かないこと。
一、ドライバーからの声援には必ずこたえること。
一、アラスカンや旅行者の好意を素直に受け入れること。
一、魚のいる場所では何日でも停留し、釣りを充分に楽しむこと。

（注1）近年日本で言い換えられている「イヌイット」の呼び名は、すべての「エスキモー」を網羅していないことから、この本では現地アラスカで使われているとおりに「エスキモー」と記述した。

サイン攻めの日

出発早々にできた足のマメだが、三〜四日たつとだいぶ良くなってきた。沿道で人々と交流しながら、ゆっくりゆっくり歩を進める。
アンカレッジから北へ約70キロ進んだ所に、ワシラという町がある。その町の繁華街を歩いたときのこと。

肉や野菜を買うため、とあるスーパーマーケットに立ち寄った。

〝愛車〟のリヤカーを駐車場に停めると、店へ入るときに声をかけられる。

「ジャパニーズ・カリブー、わが『カーズ・ストアー』にようこそ！　こちらでは食料や雑貨など、多くの品を取り揃えています。どうぞ、ごゆっくり……」

歓迎してくれたのは店長だった。

店内を見て回り、サンドイッチを作るためのパンや具、牛乳、果物などを選ぶ。レジカウンターに並んでいると、私の支払い時にレジの女性店員へ内線電話が入った。

話し終わって受話器を置いた店員が笑みを浮かべていわく、

「たったいま、店長から連絡が入ったわ。『すべての品をディスカウントするように』とね」

「えっ、本当ですか！　どうもありがとう！」

店長の温かい心遣いが、とても嬉しかった。

店を出てからも予想外のことが起きていた。駐車場へ戻ろうとして呆然とする。停めていたリヤカーを囲むようにして人垣ができていたのだ。

「あなたが噂のカリブー？」

「まあっ！　可愛らしいリヤカーだこと」

「イメージしていたより、ずっと華奢な身体だね」

「今日はどれぐらい歩くの？」

「うちの子供たちと一緒に写真を撮ってもいい？」

「ねえ、カリブーのお兄ちゃん、ワタシと一緒に写ってよー」

私を見つけると、待ってましたとばかりに次から次へと話しかけてくる。英語は決して得意ではないし、答えるほうも必死だ。

そのうち、なにを思ったか「これにサインしてくれない?」という人が現れた。すると、周りの人もつられるようにして私に迫ってきた。

「ねえ、ボクにも」

「ワタシにも～」

駐車場は騒然となる。「レシートの裏に」と手渡す親子、スタンプカードを差し出すおじさん、小切手の裏を用意するおばあちゃん、と色紙(?)はさまざま。

さすがにサインの準備はしてこなかったから、困ってしまった。しかし、こういうのもコミュニケーションなんだとすぐに気づき、渡されたそれぞれの紙に名前と栗の絵を書いた。

初対面でもオープンで、とても明るく素朴なアラスカの人々に親しみを感じる。この先どういう出会いがあるのかと思うと、なんだか楽しい気分になってきた。

ワシラの市街地を抜けると、景観は残雪のトウヒ林へと戻る。左手に広がるルシール湖では、水鳥たちが羽を休めている。穏やかな景色とは裏腹に、沿道でのハプニングは続いた。

ハイウェーを挟んで左前方に、日曜大工の店が近づいてくる。店の前に立つ看板を何気なく眺めて、我が目を疑った。なんと、その看板には「GOOD LUCK MASATOSHI(幸運を祈る、マサトシ)」と大きく書かれてあったのだ。私が北へ向かって歩いていると知ってのことだろう。私の目にとまりやすいよう、この激励の文字は看板の南側にあり、北側は店の広告になっていた。

看板のことを店員から教えられたのではなく、たまたま目にとまっただけ。私が気づかずに通り過ぎてしまうことも充分あり得る。さりげない心配りに、喜びでいっぱいになった。


今晩のキャンプ予定地まであと少しの所で、一台の車が停まる。

「ジャパニーズ・カリブー、頑張れよ」

と、運転していたロンさんから、ジュースとキャンディを差し入れてもらう。停まった車は、今日だけで優に二〇台を超えてしまった。

夕刻、サイクリングを楽しんでいた夫妻から声をかけられる。

「これはタルキートナ川で釣ったレッドサーモンなんだ。特製のタレをつけてスモークしたから、とってもおいしいよ！」

と、紅鮭の燻製をたくさん渡された。とてもありがたい。だが、食事で軽くなっていくはずのリヤカーが、差し入れで日ごとに重くなっていく……。

日本の約四倍の面積をもつアラスカだが、人口はわずか六〇万ほど。人が少ないだけに、「リヤカーを引く怪しい日本人」の噂が広まりやすいのかもしれない。そのおかげで、多くのアラスカンとの出会いがある。

しばらくして、また車が近づいてきた。今度はショットガンを装備したパトカーだ。「リヤカーのことで何か注意されるのか」と、内心どきっとする。窓ガラスが開き、運転席の警官が尋ねてきた。

「やあ！　カリブー、元気にやってるね。ところで君は、リヤカー限定の牽引免許を持っているのかな？」

その警官は何やら含みのある言い方で、こちらの顔をのぞき込んでくる。

私は彼のジョークを察して、ニコニコと笑いながら答えた。

「はい、もちろんです。特別につくってもらいました」

「それならオーケー。何かあったら、すぐ警察に連絡しなさい。あっ、そうだ忘れてた。俺にも、サインしてくれない？」

手渡された〝色紙〟は、なんと違反切符の裏だった——。


（四月七日。北極海まであと1318キロ）

リヤカーの郵便屋さん

アンカレッジから北へ185キロの所に、トラッパー・クリークという小さな町がある。私が通りかかるころ、二日間にわたる大雪でトウヒの木々は綿帽子を被り、町全体がすっかり雪化粧をしていた。時折、ハイウェーを除雪車が通るが、すぐさま白い路面に元どおり。

リヤカーのタイヤが雪に埋まって足どりは重い。振り返ると真っ白な雪の上を、二本のわだちが遙か彼方まで続いていた。

二日前、みぞれ混じりの吹雪のなかを歩いていたとき、スーザン・ヘンダーソンさんから声をかけられた。彼女の厚意で、ヘンダーソン夫妻が経営するB&Bに二日間お世話になる。

残念ながら、ご主人のジムさんは仕事で留守だったが、ジムさんの友人ケビン・クリスタルさんが、こちらに投宿していた。ケビンさんは、春先に解禁される鮭漁とその加工に携わっていて、漁のシーズン中だけ、コロラド州からやって来るのだ。

「アラスカは、妻や二人の娘にとっても最良の土地なんだ。そのうち、家族四人でコロラドからここに引っ越したいね」

ケビンさんは、アラスカの魅力を熱心に話してくれた。

翌日、降っていた雪が雨に変わった。スーザンさんに案内してもらい、町の小さな博物館「トラッパー・クリーク・ミュージアム」に足を運ぶ。ここには、今からおよそ一〇〇年前、アラスカで起こったゴールドラッシュ時の写真や資料が展示されている。この小さな博物館に看板がない理由をオーナーに尋ねたところ、今日が開館初日で、まだでき上がっていないとのこと。つまり、私たちが初の訪問者ということになる。

その日の夕食は、スーザンさんとケビンさんとともにおいしいムースのステーキをいただく。食事中、ふと窓の外へ目をやると、白樺の梢で二匹のアカリスが仲良く遊んでいる。トウヒの木の下では、一匹のカンジキウサギが地面を掘って何やら食べていた。

とそのとき、100メートルほど離れた隣家のほうから突如、銃声が鳴り響いた。一瞬、何が起きたのか理解できない私は、動揺を隠しきれない。だが、スーザンさんは何もなかったかのように平然と食事を続ける。銃声の原因が気になるので、彼女に尋ねてみる。

「たぶん、隣でクマが出たんでしょ」

彼女はスープを飲みながら淡々と答えた。

夕食後、三人で隣家に向かった。スーザンさんの予想どおり、大型のブラック・ベア（クロクマ）が庭で射殺され、血抜きのため逆さにぶら下げられていた。体重250キロはありそうなこの大グマは、食べ物を探しに隣家の庭へやって来たのだ。

スーザンさんは説明する。

「ここではクマやシカ、オオカミなどの狩猟は厳しく制限されているの。だけど、自宅の庭に出てきたときは撃ってもいいのよ」

冬場のスポーツとして犬ゾリがとても盛んなアラスカ。郊外では、番犬をはじめ犬ゾリ用の犬を飼っている家が多い。飢えたクマは犬の餌や、時には犬自体をも狙って近づいて来るという。

多くの家庭に、クマやオオカミの立派な毛皮が飾られている。それはつまり、人々の住む傍らに彼らが生息していることを意味する。すなわち、この私の旅路にもクマが……。

私が不安げな面持ちをしていたのか、ケビンさんが言う。

「クマはもともと憶病な性格で、人間をとても怖がるんだ。だから、君のにおいや音に気づけば、クマのほうから避けてくれるよ。99パーセントの正常なクマは大丈夫。人を襲うのは、手負いだったり、人間の食べ物の味を覚えてしまったり、ほんの1パーセント足らずのクマだけなんだよ」

事前の知識で、危険な動物に対する一応の心構えはしていた。両足にはクマよけの鈴をつけ、歩行中は常に音を出す。食べ物のにおいを抑えるため、すべての食料を三重のビニール袋で包む。テント内ににおいがつかないよう、調理と食事は外ですませる、といったことだ。

だが——それがはたして役に立つのだろうか？　その方法で大丈夫なんだろうか？

クマ出現の一件は、私をショックの谷底に突き落とした。クマをはじめ野生動物のテリトリーと人々の生活場所が交差していることを実感した日だった。

スーザンさん（左）が持つのはブラック・ベアの毛皮。右（私）のはグレイ・ウルフ

二晩お世話になったスーザンさんのB&Bを後にする。雲間からの陽射しがあたりの雪に反射して、とても眩しい。北へ向かって銀世界のなかを歩く。

リヤカーの荷台には、雨で濡れないようにとビニールで包んだ〝大切な手紙〟が載っている。出発の直前にスーザンさんから言いつかった、四通の手紙である。

「友人宛の手紙にあなたのことを紹介しているの。それぞれの場所に着いたら、この手紙を持って訪ねて行きなさい。きっと、歓迎してくれるわ！」

彼女の思いやりに、心からの「サンキュー」を返した。

四通の手紙の宛先は次のとおり。

- ブライアンさん、サンディーさん（703キロ先のオールドマン）
- リンダさん（818キロ先のコールド・フット）

・ジョージさん（842キロ先のワイズマン）
・デイブさん、ナンシーさん（1074キロ先のハッピー・バレー）

平均時速4キロ、道草大好きの「超鈍行列車・カリブー号」。1000キロ以上も離れたデイブさんたちに手紙が届くのは、はたしていつになることやら……。

こうして私は、アラスカ北極圏で最も遅い〝リヤカーの郵便屋さん〟となる。

「チリンチリン、チリンチリン」

一歩一歩、歩くたびにクマよけの鈴の音が響く。あの、庭に吊られていたブラック・ベアの巨体が嫌でもまぶたに浮かぶ。だが、意外にも私の心は明るかった。小さいけれど楽しそうな「チリンチリン」の響きが、〝リヤカーの郵便屋さん〟の前途を象徴するかのように聞こえたからかもしれない。

（四月十四日～十六日。北極海まであと1220キロ）

カリブー、初めての講演

サミット（「頂上」の意）と呼ばれる場所にテントを張り、ダック湖へアイスフィッシングに出かける。サミットという地名は、標高720メートルの大陸分水嶺からきている。ここを境に南へ流れる川はすべてクック入り江や太平洋に注ぎ、北へ流れる川はユーコン河を経てベーリング海に注ぎ込んでいる。

凍った湖面に穴を開けて釣り糸を垂らすが、まったく当たりがない。そこで、持ってきたシートを広げ、湖の上での贅沢な昼寝と決め込む。ヤナギの枝が風で静かに揺れている。通り過ぎゆく列車の音に混じり、アビのもの悲しい鳴き声が聞こえる。うとうとしているうちに、いつのまにか眠り込んでしまった。

昨夕、テントまで遊びに来てくれたダウディー一家との約束どおり、彼らの家に一晩泊めてもらうことにした。

主であるドンさんの職業は、ハイウェーの保守管理をする公務員。夫人のクリスティーさんは、町のスーパーでコックとレジ打ちをしている。アンカレッジから北へ340キロの位置にある小さな町、キャントウェルで、息子三人と娘一人の計六人暮らし。

末っ子で一人娘のジュリーさんが聞いてくる。

「ねえ、マサトシ、歩いて来る途中にカリブーを見た?」

「まだ一度も見てないよ」

「それじゃ、私がパパに頼んであげるわ」

こうして、ドンさんが運転するワゴン車でカリブーを見に行くことになる。

キャントウェルを起点に東に延びるデナリ・ハイウェーを進む。10キロほど走ると、フィッシュ・クリークに出合う。「クリーク」とは「小川」の意で、釣りや水遊びに適した小さな流れだ。そこに架かる橋のたもとで、ドンさんは車を停めた。

「ほら、あそこにいるよ」

ドンさんはサングラスを外し、向こうを指さす。そこには、ツンドラの水草や苔を食べている五頭のカリブーがいた。

「いつもなら、もっとたくさんいるのに……」

ジュリーさんは残念そうにつぶやく。

「あんなふうに、角がないものもいるんですか？」

大きな角をもつカリブーのイメージとはかなり違っていたので、私はドンさんに尋ねてみた。

「カリブーは雄雌ともに角がある、世界でも珍しいシカだけどね。彼らの角は毎年、春先に生え始めて秋には抜け落ちるんだ。だから、今は小さい角がちょこんと出ている程度で、ほとんど目立たないんだよ」

ジャパニーズ・カリブーこと私が、野生のカリブーを初めて目のあたりにする。感激もひとしおであった。


その日の夕食では、クリスティーさんの作ったフライドチキン、コーン、サラダ、自家製のパンやビスケットがとてもおいしく、私は三人前ほど平らげる。それを見ていた体格の良い（？）ダウディー一家は皆、目を丸くしていた。

食べながら、これまでの私のアラスカ登山や今回の徒歩旅行の話に花が咲く。

「山ではどんなものを食べているの？」

と、次男で中学生のジェイク君からの質問。

「毎日、そんなに歩いて脚が痛くならない？」

とは、三男で小学生のジョニー君から。

ふたりの質問にどうにか答える。

「デナリとリヤカーのこと、もっと詳しく教えてよ!」

食後も、四人の子供たちは目を輝かせて話の続きを催促してきた。

子供たちと私のやりとりをそばで聞いていたクリスティーさんが言う。

「マサトシ、今までのあなたの話、うちの子供が通っている学校でもしてくれない？　ほかの子供たちもきっと喜ぶと思うわ」

「ええっ、この私が？　学校で話を？」

自分の英語力に不安を感じた私は、彼女の依頼に面食らった。

「心配しないで。私たちに話してくれたとおりで大丈夫よ」

「私には、とても無理です」

しばらくは、このスピーチ依頼を固辞しようと必死だった。しかし、クリスティーさんが私の横に立って助けると言ったことや、何よりも、ダウディー一家の厚意でこうして楽しいひとときを過ごしたということに感謝の意を表すつもりで、了承することにした。

私が承諾するとすぐにクリスティーさんは校長に電話を入れ、「ジャパニーズ・カリブー」に講演させてほしいと依頼した。快い返事がもらえたようで、電話を切ったクリスティーさんは私ににっこりと微笑んだ。


さっそく翌朝、クリスティーさんと一緒に学校へ行く。キャントウェル・スクールは、小学生から高校生まで合わせて二九人の児童・生徒に三人の先生。校長のデイブ・タッシュ先生が各クラスに呼びかけ、授業は一時中断となる。全校生徒と職員が体育館に集まり、私のたどたどしい英語のスピーチが始まった。

高校時代に山や自然の魅力にとりつかれたことに始まって、冬のデナリ登頂に至るまでの経緯や、現在リヤカーを引いて北極海に向かって歩いていることを話す。30分ほどだったが、身振り手振りを交えて、何とか私の意図することを子供たちに伝えられたと思う。

その後20分ばかり、さまざまな質問が子供たちから寄せられた。

中学生の男子が手を挙げる。

「一カ月もの長い間、たったひとりの登山中には、いったいどんなことを考えていたんですか？ ひとりぼっちで寂しいとか怖いとか思わないんですか？」

「山の中では、天候や雪崩など身の安全に関すること、家族や友人、自分自身、そして日本のことなど、もろもろを考えています。また、山の景色を満喫し、雪洞で日記をつけ、ハーモニカを吹くなどして、孤独な時間を楽しんでいます。ですから、ひとりで寂しいという気持ちはまったくありません」

と、彼の質問に答える。

また、小学生の女の子の手も挙がる。

「なぜ歩くの？ 歩くよりもっと便利で速い、車や列車、飛行機なんかがあるじゃない？ そういう乗り物を利用して北極海まで行こうとは思わなかったの？」

「アラスカの人々と大自然にふれるために、徒歩を楽しんでいるんです。歩いているおかげで、草花を眺め、森を吹きぬける風を匂い、リスの鳴き声を聞くことができます。また、歩いていたからこそ、こうして皆さんとお会いできたのだと思います。最初は自転車も考えてみました。けれど、

キャントウェル・スクールではじめての講演を終えて。英語での講演は冬のデナリよりも難しかった？

私が求める旅には少し速いと思い、最終的には歩くことにしたんです」

彼女の問いには、こう説明した。

質疑応答の間じゅう、先生方は子供たちと私にいっさい手助けをしない。私の乏しい英語力で互いにコミュニケーションをとることが、小学生のころからスペイン語・フランス語などの外国語を習っている子供たちにとって、とても良い経験になるのだと先生方は話す。私にとっては非常に貴重な経験となったが、下手な英語での約1時間ものスピーチで、心身ともに疲れ切ってしまった。

〝重大任務〟をなんとか無事に終え、正直ほっとした。

校長のデイブさんがねぎらってくれる。

「マサトシ、どうもありがとう。とても素晴らしい話だったよ。おかげで、子供たちもエキサイトして大喜びだ」

だが、ほっとしていたのも束の間、先生から手渡された紙片を見て私は目が点になった。

「お疲れのところ君には悪いけど、ちょっと頼みがあるんだがね……。ここから北に64キロ行くとヒーリーという町があるんだ。ぜひそこの学校でも子供たちに話をしてほしいんだ。ヒーリーの学校には、もう連絡をとってある。私の親友ブライアン・スウェット先生が、夕食のステーキと君の部屋を準備して待っているそうだ」

渡されたその紙片には、ブライアン先生の住所と電話番号がはっきりと書かれてあった。

「………」

驚きのあまり言葉を失う。

「なに、心配することはないさ。向こうの学校でも、うちと同じように話せば充分だよ」

デイブ校長は笑みを浮かべて、ポンと私の肩を叩いた。

「水平の旅」の心得を思い出す。

〝一、アラスカンや旅行者の好意を素直に受け入れること〟……。

「はっ、はい。よっ、喜んで次の学校にも行かせてもらいます!」

と、先生からの申し入れを、とうとう承諾したのだった。

ヒーリーの学校でも同様に、スピーチの後でさらに次の学校を紹介される。最終的にキャントウエル、ヒーリー、アンダーソン、マンレイ・ホット・スプリングスと、合計四つの町の学校で話すことになる。

クリスティーさんの運転で学校を後にする。車の進路を南にとり、昨日乗せてもらったダック湖まで、私とリヤカーを戻してもらう。わざわざ戻ったのは、1400キロの道のりを切れ目なく歩き通すためである。

出発が昼ごろと遅れたので、この日は19キロだけゆっくりとリヤカーを引く。右手に続くレインディア・ヒルズでは、数匹のドール・シープ（山岳ヒツジ）を遠くに見つける。前方にそびえるパノラマ・マウンテン（1760m）の眺めが素晴らしい。

タナナ川の支流、ニナナ川を渡った所でキャンプをする。

夕刻時、再びダウディー一家がキャンプサイトに遊びに来てくれた。

「マサトシ、午前中のスピーチは本当にお疲れさまだったね。今からおいしいホットドッグをご馳走するよ」

と、ドンさん。

皆でキャンプファイヤーの準備にとりかかる。枝の先につけたソーセージを、それぞれが焚き火であぶる。ソーセージに焦げ目がついたところでパンに挟み、ケチャップとマスタードを塗って豪快に頬張る。周囲の景色を満喫しながら、こうして皆で食べるホットドッグは最高にうまい。また、マシュマロを火であぶって食べるホットマシュマロは、私にとってはこれが初体験。日本では馴染みの薄いこの食べ方は、アメリカではとてもポピュラーだと教えてもらう。焚き火を囲んで、ダウディー一家の皆さんと話が弾んだ。

長男で高校生のジャスティン君が言う。

「あのスピーチの後に、僕と仲間がデイブ先生と〝賭け〟をしたんだ。僕たち四人が、40マイル（約64キロ）離れた隣町のヒーリーまで19時間で歩けるかどうかでね。賭け金はそれぞれ二〇ドル。きっかけは、先生が『おそらく、マサトシならヒーリーまで二～三日はかけて歩くだろうね』と言ったことからなんだ」

隣で聞いていた母親のクリスティーさんが言う。

「マサトシ、私はこう思っているの。きっと先生は、あなたが話した『のんびりと徒歩を楽しむ』とはどういうことかを、実体験をとおして子供たちに感じとってほしいのよ。だから、もし子供たちが時間内で歩きとおしたとしても、先生は『道草できた？　歩きを楽しめた？』と尋ねるに違いないわ」

つたない英語のスピーチだったが、少なからず反響があったことが嬉しくもあり、少し照れくさくもあった。


（四月二十二日～二十三日。北極海まであと１０５０キロ）

臨時授業で引っぱりだこに

キャントウェルからヒーリーの町まで、三日かけて北上する。ニナナ川の深い峡谷とほぼ並行して歩く。このわずか三日間で、雪を抱いた峰々とタイガの世界から、山の地肌や露岩が点在する荒涼たる世界へと風景が一変した。

「チッチッ、チッチッ」という鳴き声が、ナキウサギであることに気づく。手のひらに載るほど小さいこのウサギは、草花を口にくわえて草地や岩の上を走り回る、まさに〝草原の小さな妖精〟だ。景色が変わっても、人々と出会う機会の多さはこれまでと変わらない。

「うちでコーヒーブレイクしていかない？」

「一緒にランチを食べない？」

現地の人や旅行者から沿道で声をかけられれば、その厚意に甘える。車を運転していたエスキモーのデメンティーフ夫妻からは、「がんばってね！」と、ユーコン河で獲れたキング・サーモンの薫製と飲み物の差し入れをもらった。

また、ピーター・カビーさんとは、彼の友人ジムさん宅でコーヒーをご馳走になっていたときに知り会う。その晩はピーターさんの家に泊めてもらうと、庭から眺めるオーロラの淡い緑の炎が、実に神秘的な世界を醸し出していた。

四国より広い面積を誇るデナリ国立公園は、アラスカで最も多くの観光客が訪れる場所だ。四月下旬は観光シーズンにはまだ早く、閑散としている。公園管理事務所の近くにあるライリー・クリーク・キャンプ場にテントを張るが、オフシーズンなので使用は無料とのこと。

管理事務所のレンジャーへの挨拶かたがた、往復12キロのハイキングを楽しむ。残雪の森に足を踏み入れると、アカリスや北極地リスの可愛らしいしぐさに心が和んだ。

デナリ国立公園でのキャンプの翌日、ブライアン・スウェット先生が待つヒーリーの町に到着。アラスカ山脈の北東に位置するヒーリーは、南からの湿った空気が届きにくく雨が少ない。そのため森が少なく、まさに「荒涼」の二文字がふさわしい景色が広がっている。ここは、アラスカで最も大量の石炭を採掘している炭鉱の町でもある。また、その石炭を利用した火力発電所があり、周辺の町にも電力を供給している。

ハイウェーわきに駐車していたドライバーに、ブライアンさんの家を尋ねてみる。偶然にもドライバーのマークさんはブライアンさんの同僚で、理科の教諭をしているとのこと。彼の自家用トラックで、ブライアンさん宅まで送ってもらう。

スウェット一家は五人家族。ブライアンさんは、小学生から高校生までを教える英語の教諭だ。夫人のアーリーさんは、同じ校舎内にある幼稚園で教諭をしている。子供は、社会人の長男と大学生の次男、そして幼稚園に通う長女の三人兄妹。ブライアンさんは以前デナリに登山したことがあるので、夕食後はそのときの写真を見ながらおおいに話が弾んだ。

翌朝、スウェット夫妻と長女のブリッタニーさんらと一緒に、トライ・バレー・スクールに向かった。

この学校の名前は、三つ（トライ）の大きな谷（バレー）が、ここヒーリーで合流していることに由来する。園児から高校生まで、児童・生徒数約二五〇人の大きな学校である。

この日は、一校目のキャントウェル・スクールで話したときとは異なり、朝から夕方までかけてクラス回りをした（させられた？）。

まず、アーリー先生とブリッタニーさん親子が待つ幼稚園のクラスで、30分ほどスピーチをする。その後10分の休憩をはさみ、次は中学生のいる理科のクラスへ、それから高校生の数学のクラスへと移動し、つたない英語のスピーチは続く。

昼は、ブライアンさんやほかの先生方とともに職員室でお弁当をいただく。午後からは再び、小学生のクラス、そして高校生の国語のクラスへと、この「臨時授業」は終わらない。

まさしく成り行き任せの臨時授業だが、回を重ねていくと、苦手な英語でも少しずつまとまってくるから不思議だ。終盤では、「スピーチは大変だけど、こんな機会は二度とあり得ないだろうなあ。貴重な経験ができてほんとうにありがたいな」と幾分楽しめるようにもなった。

スピーチの概要を紹介したい。

「皆さん、こんにちは！　私の名前は『クリアキ・マサトシ』、二十五歳の日本人旅行者です。私が住んでいる福岡市は日本列島の南部、九州という島にあります。市の人口は約一三〇万、アラスカ州全人口の二倍にあたります。

十五歳のとき、映画で観た日本アルプスの美しさに感動し、高校に入ってすぐに山登りを始めました。少年時代は自然のなかで釣りやキャンプを楽しんでいたので、山にもすぐにのめり込みました。高校と大学の山岳部で九年間活動し、今は個人で山旅を楽しんでいます。

アラスカに興味をもつようになったきっかけは、一世紀前のアラスカについて書かれた『アラスカ物語』という本を読んだことです。次第にアラスカに惹かれてゆき、三年前の夏、とうとう友人とふたりで初めてアラスカを訪れました。その旅では、登山したデナリの雄大さ、出会った人々の優しさに衝撃を受けました。

それからは毎年アラスカを訪れています。二年前の春にハンターとフォレイカーを、去年の冬にはデナリを登る目的で来ましたが、天候やルートなどの状態が悪く、三山とも途中下山しました。しかし、山登り自体は充分に楽しみました。夏から春、そして冬へと登山時期を次第に早め、風と寒さの厳しい冬のアラスカ山脈に対応してきました。

地元福岡での耐寒訓練として、マグロなどを保存するおよそマイナス50度の冷凍庫に入っています。そこで防寒具などの装備を点検していると、事情を知らない人からは〝変人〟と思われることもありました。

トレーニングとしてはほかに、毎日15キロから20キロを走り込み、季節によってはロッククライミングやアイスクライミングもしています。

今年で四度目のアラスカ訪問になります。今回のデナリ登山は、全部で三回目、冬場だけでは二回目となりました。厳しい気象の冬山ですが、流れ星や月明かり、そしてオーロラなど、白夜の夏とは対照的な魅力があります。

幸運にも予想以上に天候が安定していて、入山して二四日目の三月八日に登頂し、三月十三日に無事下山をしています。一カ月に及ぶひとりの山旅でしたが、大自然の鼓動を心と身体で感じ、日記をつけ、川柳を詠み、ハーモニカを吹くなど、有意義な時を送りました。山頂に立ったとき、夢がひとつかなった喜びと、夢をひとつ失ってしまった寂しさを感じました。

今回、私はアンカレッジからリヤカーを引いて歩いて来ました。行き先は、北極海岸のプルドー・ベイです。歩いている動機をこれからお話しします。

これまでに三度アラスカを訪れましたが、いずれも登山がメインでした。山のなかでは現地の方との交流はできませんから、今度はぜひ人々の生活がある平地の旅をとおして、人々や自然とふれあいたいと思いました。そこで、自分の足で歩いてアラスカを縦断しようと考えたのです。

リヤカーを引くアイディアは、ソリを引いて氷河を移動するデナリ登山から思いつきました。リヤカーで荷を引けば、50キロの荷物を持っていてもハイウェーを楽に移動できます。

一歩一歩、実際に歩いて行くなかで、いろいろな世界が見えてきました。それは人々の生活であったり、草花や動物、そして森の匂いであったりもします。また、歩いているおかげで、こうして皆さんともお会いすることができました。最初は自転車での移動も考えましたが、人々と自然にふ

トライ・バレー・スクールで２度目の講演。ここでは朝から夕まで連続して講演した

れあうこの旅には少し速いと思い、結局は徒歩で行くことに決めました」

この後、「水平の旅」の心得を紹介して、私の旅のスタイルを示す。

そして「アラスカでの登山や徒歩より、苦手な英語でこうして皆さんに話すことのほうが、私にとっては大変なことなのです……」と、スピーチを進めていった。

その後、質疑応答の時間に入った。

「山で詠んだ川柳を、僕たちにも紹介してください」

とは、高校生から。

困ってしまったが、必死でホワイトボードに三句を紹介。先生方の協力もあり、なんとか英語の詩に訳す。このとき初めて、川柳の五・七・五と同じようなシラブルの英語の短詩があることを知った。

「私、日本語に興味があるの。日本語を１分間話してくれますか？」

中学生からの要望に、日本語で1分ほど自己紹介をする。

「お兄さんは、ジャッキー・チェンに会ったことがあるでしょう?」

「…………?」

私は、この小学生のジョークをよく理解できなかった。

担任の先生が説明する。

「ここから見渡せるデナリは、みんなのバックヤード(裏庭)なんだ。あの冬山にひとりで登った君は、子供たちのあこがれの的。ジャッキー・チェンと同じようにヒーローなんだよ」

少し照れくさくもあったが、素直に喜ぶことにした。


キャントウェルやヒーリーでの学校訪問をとおして、さまざまなことを感じた。

まず、家庭と学校のつながりに惹かれた。私が学校を訪問したきっかけは、ひとりの母親からの依頼、つまり、学校関係者ではなく一般の保護者からの依頼だったということ。

保護者が校長に電話をし、その会話のなかで翌日のスピーチが決まったということにも呆気にとられた。保護者と学校との密接なつきあい、信頼関係を垣間見たような気がする。日本ではおそらく、このような臨時授業は簡単にはできないだろう。これが校長の裁量というものかと感心した。

三十代や四十代の校長がいることも新鮮だった。

また、クラスの雰囲気については、二校目のヒーリーでの体験が印象深い。

私が見せてもらった小学生のクラスに、ちょうどその日に誕生日を迎える生徒がいた。アラスカの学校では、保護者はいつでも授業参観ができるので、その子の母親はクラス全員にパイケーキを焼いて持って来ていた。私は、休んでいる児童の机に座らせてもらい、「ハッピーバースデートゥーユー」と、みんなと一緒に歌ってパイケーキをいただいたのだ。保護者に対し、とてもオープンな学校側の姿勢がうかがえた。

その後始まった理科の授業も興味深かった。授業中の先生は威厳があるが、威圧的というわけでは決してなく、ユーモアも交えながらしっかりと子供たちを惹きつけている。また、時にふざけたりする子もいるが、全体的にみると子供たちは集中している。しかしチャイムが鳴って休み時間になると、先生と子供たちの関係は、授業中のそれとは変わったようだった。

「来週のレクリエーションは、みんなで何をしようかな？」

「昨日の面白いテレビ、先生も観たでしょう？」

そこには、先生対児童という立場を超えた、対等な関係らしきものがあった。理想的なクラスとは、こういうものかもしれないと感じた。

このころアメリカ本土では、少年たちによる学校での銃乱射事件が起きていて、アラスカの学校や家庭でも、子供たちと銃の関係についてかなり敏感になっていた。そのため、クマ対策として拳銃を携行していることを子供たちに話さないでほしいと、先生や保護者から事前に頼まれることもあった。

全米のなかでも特に治安が良いとされるアラスカにいながら、少年たちが引き起こす銃問題の深刻さを実感した。

（四月二十四日〜二十七日。北極海まであと1000キロ）

わな猟師としての生き方

トウヒ、シラカバ、アスペンの森が果てしなく続いている。空を見上げると、カナダ雁の群れが寂しい鳴き声とともに列を組んで飛んでゆく。

アンカレッジから北へ450キロ、ここは、空軍の基地やアラスカ鉄道の駅があるクリアーの町だ。ここからさらに北へ40キロほど行くと、アサバスカン・インディアンの村、ニナナがある。ここは毎春、タナナ川の氷が解けだす日時を当てる宝くじ大会「アイス・クラシック」が開催されることでも知られている。

のんびりとハイウェーを北上していると、ダンボール製の看板が目に入る。

「クリアキ・カリブー、『北へ』の旅をガンバレ！」

「あなたは今ここです（地図）。よかったら我が家でひと休みしませんか？」

と、日本語と英語で書かれている。

これが、伊藤さん一家との出会いのきっかけだった。一家は私の旅を地元の新聞で知り、ここクリアーを通る時期をだいたい予想して看板を立てたとのことだった。

看板の誘いにのって、ひと休みさせてもらうことにした。今度の〝停滞〟では、どんな出会いがあるんだろう……。期待でわくわくしながら、私はドアをたたいた。

伊藤さん宅では、〝ひと休み〟のはずが夕食までご馳走してもらうことになった。食卓に並んだムースのカツレツやカレーは絶品だった。なんと、伊藤家のご主人である精一さんが仕留めてきたムースとのこと。精一さんは手慣れた様子で肉を薄く切り、棒で叩いて柔らかくしたあと、料理にと

「わな」猟師として生きる伊藤さん一家の世話になる。2日目の晩餐は、ユーコン河で獲れたキング・サーモンのイクラをまぶしたちらし寿司

りかかった。調理場でなめらかに動く手つきは職人そのもの。その颯爽とした姿勢や目つきからは、料理に対する精一さんの熱意が伝わってきた。

皆で夕食をとりながら、話がはずむ。精一さんが永住するようになったいきさつ、狩猟、とりわけ、わな猟での出来事、また、夫人の久子さんとの出会いなどを話してくれる。私にとって未知の世界の話は大変興味深く、いっときも退屈することがない。

一九四〇年、東京生まれの伊藤精一さんは、アラスカに移住して二五年になる。狩猟・わな猟で生計をたてている唯一の日本人男性である。家族は、夫人の久子さんと長女の七絵さん、次女の夏子さんの三人だ。

配管などを取り扱う会社の営業マンだった精一さんは、趣味のオートバイでの事故を機に退職。一九七三年、以前から憧れていたアラスカへ単身で渡る。昔のインディアンの生活をしてみたいという強い思いがあったからだ。

裸一貫で来たアラスカ。持っているのは、やる気だけである。当初は皿洗いやコック見習いなどでなんとか食いつなぎ、あちこちでキャンプ生活もした。

その後、「トラッパー」と呼ばれるインディアンのわな猟師に弟子入りする。やがて師匠から猟の腕を認められ、聖域とされる狩り場の一部を譲り受けるまでになる。日本人としては初めてのことだろう。この件で当時、地元インディアンたちからは反対の声もあがったが、精一さんの師匠が彼らを説得したという。

編集の仕事に携わっていた久子さんは、アラスカを調べたことがきっかけでこの地に興味をもつようになり、一二年前にひとりアラスカを訪れた。その旅の途中で精一さんと偶然に出会い、やがてふたりは結婚する。精一さんとの結婚は「わな猟師という生き方に共感して」だと久子さんは言う。

彼らの話す独特な世界に、私はすっかり引き込まれてしまった。

わな猟ではミンク、テンなどの小動物から、ビーバーやリンクス（ヤマネコ）、オオカミなどを捕る。クマやムースなどの大型動物には、わなではなくライフル銃を使う。

狩猟でのハプニングもさまざまである。

厳冬のビーバー猟の最中に川面に張った氷が割れ、そこに精一さんが落ち込んでしまったことがあった。気温はおよそマイナス40度。ずぶ濡れになった精一さんは急いで近くの猟小屋に駆け込み、焚き火で暖をとってどうにか助かったという。まさに「九死に一生を得る」出来事。

興味深い話はまだまだある。寝ているテントのすぐ横をグリズリーの親子が通っていったこと。また、クマはキャンプ地に食料があることをきちんと知っていて、何度追い払っても必ずそこに戻ってくること。そのために、食料の見張り番が必要なこと……。

「狩猟の醍醐味は、動物を仕留めるまでの過程にあるんだ」と精一さんは言う。

狩猟はまさに、人間と野生動物との知恵比べ。相手も賢いので、わなはひとつだけでなく、ニセものを仕掛ける場合もあるらしい。また、クマやドール・シープなどの猟では、地形を考慮しながら風下から忍び寄り、絶対に逃げられない場所まで追い詰める。それが精一さんの最も充実する時であろうことは、想像に難くない。

「肉や毛皮は必要以上に捕らない。捕りすぎると、結局は自分の首を絞めることになるからね。捕った肉は、脳みそから足先まですべて食べられる。だから、スーパーで肉を買うこともほとんどないね」

彼は、わな猟の厳しい現状も話してくれた。

「今は、世界中が動物保護の時代だからね。毛皮の需要が減ってしまって、得意先のヨーロッパでは以前の半値でしか売れないんだ。だから最近は、日本人の観光客をハイキングやオーロラ見物に案内するガイドの仕事もやっているんだよ」

隣で聞いていた久子さんがつぶやく。

「おとうさん（精一さん）がわな猟師でなくなったら、私がここにいる意味がなくなってしまう……」

ふと漏らした言葉ではあったが、わな猟師の精一さんに対する久子さんの深い思いが、じわりと伝わってきた。

翌日の午前に、七絵さんと夏子さんが通うアンダーソン・スクールに講演に行く。

久子さんの協力のおかげで、三校目の講演もなんとか無事に終了。その後、九〇人の全校生徒から「マサトシ、アンダーソン・スクールにようこそ！」と書かれたポスターをもらう。その紙には、美術クラスの生徒が描いたデナリと、そこを登っている私の姿があった。思いもよらぬ素敵なプレゼントに大満悦。私の大切な宝物となる。

午後からは、精一さんと近くの空き地へと足を運ぶ。クマ対策として私が携行している銃の手ほどきを、精一さんから受けるためである。

友人から借りていたS＆W・44マグナムは、拳銃のなかでも相当な破壊力を誇る代物だ。

「両足を肩幅ぐらいに開いて、腕を伸ばすんだよ。そして両手でしっかりと銃を握り、肩の力を抜いて……」

彼の的確で丁寧な指導は続く。

「的に照準を合わせて、顎を引いて……。引き金は手前に引くというより、指を軽く当てる感じのほうがぶれないよ」

引き金に指を当て、私は息をつめた。

「パーン！　パン！　パン！」

ヘッドホン越しに銃声が響く。三発の弾丸が、15メートルほど離れた鉄板の的を貫通した。物凄い反動が両腕に伝わってくる。手のひらが痛くてたまらない。

同じ要領で二〇発ほど撃ち、その後さらに的までの距離を延ばして片手撃ちの練習をした。

44マグナムに慣れてきたところで、精一さんからクマ撃ち用のライフル銃も撃たせてもらう。こ

3校目の訪問となったアンダーソン・スクール。寄せ書きのプレゼントをいただいた

の銃は本来、象撃ちのために開発されたもので、ライフルのなかでも威力がずば抜けている。

スコープを覗き込み、的に全神経を集中させる……。

「ズダーン！」

右肩にライフルの末端が食い込むような衝撃を受ける。撃ったときの音と反動が、44マグナムとは桁違いに大きい。

薬きょうを取り出しながら、精一さんが言う。

「クマは心臓や肺とかを撃たれたところで、簡単にはくたばらないんだ。人間ぐらい簡単に殺せるよ。クマの武器は前脚だから、肩甲骨を撃たないとだめだ。そこを撃てば中枢神経もだめになる。ただ、ライフル銃でも40〜50メートルに近づかないと難しいね」

射撃訓練をしたという安心と、拳銃とライフル銃の威力・命中率の差を知ってしまった不安が同居する。手にした44マグナムが以前よりも小さく見えた。

次の日も、伊藤さん宅にお世話になる。

晩ご飯は、アラスカならではの特製ちらし寿司。ユーコン河で獲れたキングサーモンとそのイクラをふんだんに使った逸品だ。あまりのおいしさに、遠慮なく三人前ほど平らげてしまう。

食卓を囲んでの話は、尽きることがない。

久子さんがこんな逸話を紹介してくれた。

「次女の夏子が生まれるとき、誕生する日時で近所の人たちが賭けをしたの。ちょうどタナナ川のアイス・クラシックと同じようにね。最初からみんなで決めていたらしくて、当てた人が『みんなからの出産祝いだよ』と、賭け金のすべてを持ってきてくれたのよ」

とても素敵な話である。

「出会った人がみんないい人で、親切にいろいろと教えてくれたんだ。手取り足取り、ここで生活する術すべてを教えてくれたんだよね。今、こうして家族でご飯を食べていられるのも、その人たちのおかげなんだよ」

と、精一さんは目を細めた。

人々との出会いをひとつひとつ大切にしている、伊藤さん一家の誠実で愛情深い人柄が感じ取れた。彼らの生き方に感銘を受けるとともに、私自身が強く励まされた。世界中には、さまざまな生き方があることを改めて実感する。

看板に書いてあった「ひと休み」が、結局「二晩休み」となってしまった。久しぶりの日本語での会話が嬉しかったこともあるが、それ以上に、伊藤さん一家の和やかな雰囲気にくつろいでしまい、ついつい長居をしてしまった。

(四月三十日～五月二日。北極海まであと950キロ)

春に追い抜かれる

アサバスカン・インディアンの村ニナナを過ぎると、ハイウェーの様相ががらりと変わる。アラスカ第二の都市フェアバンクスまで、およそ80キロ、急な上り下りが連続する。遥か彼方のタイガを眺めては、ひとつずつ峠を越えていく。一歩一歩、近づいては通り過ぎてゆく沿道の緑が、とても美しい。

トウヒの森に延びるハイウェーを谷間へ向かって下っていくと、やがて白樺やポプラの並木道となった。

見上げた空に、三〇羽ほどの鶴の群れが鳴き声をあげて北上している。この日は、鶴の群れを何度か見かけた。きっと、春の訪れとともに北へ渡っているのだろう。

路肩から小さな池が見えてきたので、そこでひと息入れることにした。池の中ほどでは、数羽のアビが気持ち良さそうに羽を休めている。この鳥は、ダークグリーンの頭に赤い眼が特徴だ。

岸辺に腰を下ろして水筒の水を飲んでいると、「ケロッ、ケロケロ!」という鳴き声が耳に入ってくる。鳴き声の主は、なんとカエルだった。池の底に目を凝らすと、足の生えたオタマジャクシもいる。

北極圏にほど近い、アラスカのこんな場所にまでカエルが生息しているとは、かなりの驚きである。マイナス50度の厳しい冬を耐え抜く生命力の強さに、すっかり敬服した。

その日は、ハイウェーわきの林の中でキャンプした。テントのそばで森林浴を楽しんでいると、アラスカ州の州鳥であるライチョウを初めて見かけた。

テントの入り口に腰を下ろし、いつものようにハーモニカを取り出す。そして、童謡の『春よこい』や『春が来た』を吹いた。どうしても春にちなんだ曲を選んでしまうのは、明るくて暖かな空気に、心が浮き立ってきたからだろうか。

しばらくして、数匹の赤リスがトウヒの梢に現れた。彼らの可愛らしいしぐさは、いくら眺めても見飽きることがない。夕暮れ時の林の中で『トウヒの森の赤リス』を作りハーモニカで奏でた。

翌朝キャンプ地を発って歩を進めていると、次第にあることに気づき始めた。周囲の草木が、溢れんばかりの新緑に萌えている。若葉や若草の彩りの鮮やかさが、昨日のそれとは明らかに異なっていた。暖かな陽射し、爽やかな風、萌える草木のそよぎ、明るい小鳥のさえずりに囲まれる。

もうすでに、季節は春から夏へと向かっていたのだ。

アンカレッジを発ったときは、私の北上が春の到来より幾分先行していたが、今日ついに、春に追い抜かれたことを実感する。こういう体験は、私自身まったく初めて。歩いていることにつくづく感謝した。

（五月三日～四日。北極海まであと890キロ）

内陸部の都市フェアバンクス

アラスカ内陸部の交通と経済の中心都市、フェアバンクスには一週間滞在した。ここフェアバン

トウヒの森の赤リス

(Red Squirrel in the wood of Spruce)

曲：栗秋正寿

クスは、二〇世紀初頭に始まったゴールドラッシュ以来、アラスカ鉄道の開通や石油パイプラインの建設を経て発展を続けてきたアラスカ第二の都市である。人口は約八万四〇〇〇人。盆地であるこの町は、五月に入ると少し暑くなる。また、冬場は特に明るいオーロラが見えることでも知られている。夏と冬の観光シーズンは、日本からの旅行者も多い。

到着初日は、沿道で水を差し入れてくれた人からの紹介で、ステン・ジャスティスさん宅に泊めてもらう。水道整備の技師であるステンさんは、アラスカ山岳会の会員であり、アラスカ州立大学フェアバンクス校で非常勤講師も務める。また、ここフェアバンクスで行われる全米で最も苛酷なレース「秋分の日マラソン」のコースレコード保持者でもある。スポーツを心から楽しんでいる人だ。

次の日は、西山恒夫さん宅でお世話になる。

恒夫さんは、留学生の友人やわな猟師の伊藤さんから紹介してもらった。アラスカ州立大学の教授だった恒夫さんは、現在は北海道の大学へ単身赴任されている。フェアバンクスの自宅に住んでいるのは、夫人の周子さんと次男の宜宏《よしひろ》さんの二人だが、彼らの友人や留学生・旅行者で絶えず賑わっている。

周子さんのおいしい料理と和やかな場での素晴らしい出会いに恵まれ、私のこれまでの旅の疲れは取れてしまった。

リヤカーの旅を続けるうえで、フェアバンクスは食料物資の補給と中継をする重要な町である。食料の買い出しをはじめ、リヤカーのタイヤチューブ、蚊よけ用品、釣り道具などを補充。また、町の郵便局でアンカレッジからの局留め荷物を無事に受け取り、いったんその中身を整理する。さらに、ここから410キロ離れたコールド・フットの郵便局へ、再び局留め荷物として郵送した。日本と同じく、アラスカでも局留め郵便には保管期限があるが、寄り道ばかりのこの旅では、荷物の保管期間内にフェアバンクスまでたどり着けそうにもなかった。しかし、旅の途中にフェアバンクスの郵便局にこの旨を連絡していたことが功を奏し、保管期限を過ぎても荷物を預かってくれていた。

買い出しや郵送には、周子さんや宜宏さんが運転して協力くださった。本当にありがたい。

フェアバンクスから北へ向かうと、やがて未舗装路となる。そのため、当初はレンタカーで未舗装道路の下見を考えていた。しかし、再び周子さんの厚意に甘えさせてもらった。彼女の貴重な休日を割いてもらい、ダルトン・ハイウェーの起点まで、片道130キロもの下見を兼ねたドライブに連れて行ってもらったのだ。

おかげで、未舗装道路の幅や勾配、凹凸、路面の砂利、そして疾走する大型トラックが砂利を跳ね上げる様子など、実情を確かめることができた。また、フェアバンクスから117キロ北上した地点で売店を経営する、周子さんの友人のローリーさんには食料を一時的に預かってもらい、おおいに助かった。

フェアバンクスでの最終日は、晴天の下、市街地を14キロほど歩く。六日前に町に着いたときは、市街地の手前で車に乗せてもらったからだ。

ここまでで全行程の四割。まだまだ先は長いが、これからの新たな出会いを思うと、不思議と足取りは軽かった。

西山さん宅では、いろんな方と出会えた。絵画を勉強している中村愛さん、写真家の八木清さん、アラスカ大学で野鳥の研究をしている久松美喜夫さん、食料品店のマネージャーを務めるチャーリーさん（再度、フェアバンクスに戻って来たときに出会えた方……自転車旅行者の阿久澤忠邦さん、犬ゾリで生活している舟津圭三・恭江夫妻）など。どなたも素敵な方で、興味深い話をいろいろと聞くことができた。こんな魅力的な人たちが集まってくるのは、西山さんたちの人望によるものだろう。

フェアバンクス滞在中は、ステンさんや西山さんをはじめ、多くの人から本当にお世話になった。皆さんの親切に心から感謝する。

（五月五日〜十一日。北極海まであと820キロ）

巨大ポンプ・ステーションを見学

フェアバンクスを出発して三日目、とうとうハイウェーが未舗装に変わった。ここから760キロ先の北極海まで、オフロードが延々と続いている。

トウヒ、アスペン、ネコヤナギなどの鮮やかな緑、まぶしい陽射し、真っ白な入道雲、どれをとっても初夏を感じる。冬毛から夏毛に生え変わりつつあるカンジキウサギは、茶色い頭に白いお尻がとても愛らしい。今度は、大きな地リスのような動物が道路を横切った。モルモットだろうか……？　動物たちの様子も、初夏の到来を告げていた。

突然、歩いている路肩の近くで「ガサッ、ガサッ」という物音が耳に入ってくる。立ち止まって音のする方向を見て、自分の目を疑った。なんと！　路肩からわずか5メートル離れたところで、一匹のヤマアラシが悠々と草を食んでいるではないか。

子供のころに動物園で見たことはあったが、野生のヤマアラシを目の前にしたのは、このときが初めて。しばらくは草を食べていたが、私と目が合うと、この体長1メートルの動物は針の毛を寝かせたまま林の中へ消えていった。ハイウェーで、まさかヤマアラシと遭遇とは——。まさしく、アラスカらしい情景であった。

フェアバンクスから北へ進むと、石油パイプラインがハイウェーとほぼ並行に走っている。北極海のプルドー・ベイから、アラスカ湾の不凍港・バルディーズまで1287・2キロを結ぶパイプライン。その間には、「ポンプ・ステーション」と呼ばれる中継基地がいくつもある。そこに勤務するジム・プレストンさんから、沿道で飲み物をいただいた。

差し入れと一緒に名刺を手渡しながら、彼は言う。

「時間があれば、七番ポンプ・ステーションに遊びにこないか？　うちの仲間は皆、ジャパニーズ・カリブーを歓迎するよ」

翌日、ジムさんの厚意に甘えて、七番ポンプ・ステーションを見学させてもらうことにした。「七番」とは、油田のあるプルドー・ベイから七番目にある中継基地を意味する。

ハイウェーから案内に従って森の中を通り抜けると、突然「ゴーッ」という音とともに現代的な建造物が目の前に現れた。まさに、「ツンドラの要塞」という表現がぴったり。ジムさんが私のことをすでに連絡していたらしく、銃を持つ警備員がすぐにゲートを開けてくれた。

あいにくジムさんは留守とのこと。そこで、ビル・ブラウリーさんに施設内を案内してもらう。まず、非常の際の安全設備を説明してくれた。

「これが、防火と消火のシステム。そして、電気系統パネルと自家発電システム。こんなへんぴなところだから、災害時にはほかから応援が来るまでは自己対処しなければならないんだ。ここの地下には、巨大な防火水槽もある。また、仮にパイプラインが破壊された場合でも、原油の流出を数分で食い止めるバルブ装置が設置されているんだよ」

次に、ポンプ・ステーションの心臓部ともいえるエンジンルームに案内される。ビルさんの丁寧な説明が続く。

「このジェットエンジンの力で、圧力の下がった原油を再び加圧して次のポンプ・ステーションへ送るんだ。原油を流す速さは時速約10キロ。一日あたり60万バーレル（約9500万リットル）の原油を南へ送り続けている。

外で聞こえる『ゴーッ』という爆音は、ジェットエンジンの音だ。あの白いタンクはジェット燃料を、その隣のタンクは一時的に原油を蓄えておくものなんだ。

それから、アラスカを南北に走るあのパイプのすべてが日本から輸入されたものなんだ。費用はざっと三〇〇〇億円ってとこかな……」

大自然が残るツンドラの森と、ハイテクノロジーを駆使した建造物との大きなギャップを実感。そして、日本製の鋼管の話から、アラスカと日本の不思議な縁を感じた。

施設の見学がひと通り終わると、集中制御室で従業員の方と記念撮影をし、その後ラウンジへ。日替わりランチをご馳走になりながら、従業員からさらに説明を受ける。

女性従業員のひとりが言う。

「私たちの勤務は一日二交替制で、二週間勤務の後に二週間休日という体制になっているの。同僚のなかには、何百キロも離れた所から通勤している人もいるわ。ここから近くの町へ出るにも80キロ以上もあるし、長い冬場は深い雪に閉ざされてしまうでしょ。だからここには、腕のいいコックがいて、フィットネスジムやオーディオルームもあるのよ」

この中継基地を発つ前に、シャワーを使わせてもらう。そしてさらに、サンドイッチやフルーツ、蚊よけスプレーなど〝お土産〟まで持たせてもらった。至れり尽くせりである。

ビルさんがゲートの外まで見送ってくれた。

「マサトシのことは、ほかのポンプ・ステーションにも連絡しておくよ。君に何か起きたら、僕の仲間がきっと力になってくれる。とにかく、クマには気をつけるんだよ」

私は、日本から持参した福岡の絵はがきに短いお礼文を書いて、彼に手渡した。

「ビルさんをはじめ従業員の皆さん、いろいろとお世話になりました。どうもありがとう！」

七番ポンプ・ステーションを後にして、また一歩一歩、再び北へ歩きだす。峠越えでは、通り雨ならぬ〝通りあられ〟に降られる。

一羽のワタリガラスが、トウヒの木の梢からこちらの様子をうかがっている。ここではよく目にする光景だ。

私のおよそ100メートル先に、小さな角をもつ雄のムースを確認する。驚いたことにそのムースは、猛スピードでそばを通過する大型トラックにはまったく見向きもせず、ネコヤナギの葉を黙々と食べている。しかし、両足の鈴を鳴らしながら私が50メートルぐらいの距離に近づくと、ムースはこちらを見るなり森の中へ姿を消した。ムースにとっては、私の姿やにおい、鈴の音などが、トラックに比べてかなり異様に映ったのだろう。

石油パイプラインは、脆弱なツンドラの生態系をできる限り崩さないように設置されている。例えば、カリブーの季節移動コースにあたる地域では、パイプラインを地中に埋設する。埋設されたパイプの熱が永久凍土に伝わらないよう、断熱と冷却装置を備える工夫もある。

しかし、冬季にはムースやカリブーの交通事故死が数百件にも上るというし、実際、ハイウェーでは多くの動物の轢死体を目の当たりにした。車に慣れすぎたあのムースの様子からもわかるように、パイプラインの存在よりもむしろ、その保守管理と物資輸送のための産業道路（ダルトン・ハイウェーなど）のほうが、生態系に強く影響を与えているのではと思った。

（五月十四日〜十五日。北極海まであと720キロ）

マッシャー一家が住むマンレイ温泉へ

フェアバンクスの町を出発して三日目、エリオット・ハイウェーをたどっていると、一台の自家用トラックが停まった。

「やあ、ジャパニーズ・カリブーだね?」

と、降りてきたドライバーから声をかけられる。

「俺の名はジョー・レディントン・ジュニア。マンレイ・ホット・スプリングスという村でマッシャー（犬ゾリ使い）をしているんだ。もし時間があるなら、村でゆっくりしていかないか？　フェアバンクスで用をすませたら二〜三日で戻ってくるから、途中で君を拾ってあげるよ」

こうして、私はジョーさんの住む村を訪れることになった。

ジョーさんと会ってから三日後、フェアバンクスから戻ってきた彼の車に便乗させてもらい、マンレイ・ホット・スプリングスに向かった。エリオット・ハイウェーの終点にある村までは、140キロほども悪路が続く。これまでいろんな場所に立ち寄ったが、北上するルートからこんなに離れたのは初めてだ。

路面の小石や凹凸のせいで車のスピードは出せなかったが、おかげで車窓からじっくりと観察が楽しめた。ヤナギの葉をゆったりと食べるムース。軽快に跳びはねるカンジキウサギ。大きな沼では、白鳥や雁の群れが羽を休めている。車の音に驚いたのか、ヤマアラシや地リスが慌てて姿を消した。

コットン・ウッド（ハコヤナギ）やアスペンの林の一部は、短い鉛筆のように切り株だけになっていた。あの大きな前歯をもつビーバーが、ガリガリとかじり倒した跡だった。

インディアンの村ミントゥーへの分岐を左に見て進み、金の採掘が行われているエウレカへの分岐を右に見て、車はさらに奥へと進んでいった。

ジョーさんの住むマンレイ・ホット・スプリングスは、名前のとおり温泉が湧く、人口八八人の静かな村だ。およそ一世紀前から、委譲農地と温泉リゾート地として開拓された〝アラスカパイオニア〟の辺境地のひとつである。しかし最近になり、大型の温泉リゾートホテルが経営難で倒産。現在は、地元の個人が営む小さな温泉施設があるのみだ。

ジョーさん宅に着くや否や、彼の一〇〇匹余りのアラスカン・ハスキー犬がいっせいに吠え出し、私を迎えてくれた。

ジョーさんとその家族は、プロのマッシャーとして生活している。彼をはじめ夫人のパムさん、息子のジョー・レイさん、娘のヘザーさん、そして隣人のリンダ・ジョンソンさんの皆で協力し合って「アイディタロッド・ケネルズ（養犬場）」を運営している。犬ゾリレースで賞金を稼ぐ一方、レースの際、育てた犬を人に貸したり売ったりするブリーダーでもある。

この養犬場の名前「アイディタロッド」は、一九七三年から毎年アラスカで行われている世界最長の国際犬ゾリレース、アイディタロッド・レースからとっている。アンカレッジからベーリング海沿いの町ノームまで、約1920キロもの距離を犬ゾリで駆け抜ける、ロマン溢れる壮大なレースだ。

一九五〇年代、スノーモービルの普及で犬ゾリが衰退するなか、この素晴らしい犬ゾリを後世に残そうとする運動がアラスカに起こった。この運動の中心メンバーのひとり、「アイディタロッドの父」の名は、ジョー・レディントン・シニアさん。つまり、ジョーさんの父親である。知る人ぞ知る、偉大な存在だ。

翌日の午前中、ジョーさんとリンダさんに養犬場を案内してもらう。それぞれの犬小屋の前には、アラスカン・ハスキー犬がつながれている。ハスキー犬の首には2メートルほどの鎖がつけられ、その端は鉄の輪と結ばれている。輪を杭に通すことで、犬が走り廻っても鎖が杭に巻きつかないしくみになっている。

ジョーさんが説明する。

「餌を与えるのは、一日一回夕方だけ。ユーコン河とその分流タナナ川で獲れたチャム・サーモンが主な餌なんだ。ほかにも野菜や鳥肉、時にはクマの肉を混ぜることもある。水はきらさないように注意しているよ。特に冬場は、ここは低温と乾燥に見舞われるからね。水やりは大切な仕事なんだ」

生後二週間の子犬を抱きながら、リンダさんが言う。

「それぞれの犬には個性があるの。恥ずかしがり屋さんだったり、寂しがり屋さんだったりね。先頭を走るリーダー犬にふさわしい性格の犬もいれば、列の後部からソリを引くのに適した犬もいるのよ。犬の性格をマッシャーがよく知り、お互いに強い信頼関係ができていないと、長いレースで完走することはできないわ」

隣にいるジョーさんが大きくうなずき、そしてつけ加えた。

「そのとおりなんだ。犬ゾリで最も大切なのは、犬の速さや力ではなく、犬との信頼関係をつくることなんだ。そうすると、お互いにアイコンタクトで話せるようにもなるんだよ。だから、犬の食事からトレーニング、そして交配など、冬場のシーズン以外の日常がとても重要になってくるんだ」

日々、休むことのない犬とのかかわりのなかで互いの信頼関係を築いていくとは、なんとも素晴らしい。犬ゾリの仕事は大変なんだろうが、奥が深くて面白そうだ。

「長距離レースの間、マッシャーはほとんど寝ずに犬の世話をしなければならないんだ。でもいちばん大変なのは、やはり彼ら（犬たち）なんだよね」

そのいたわりの言葉から、ジョーさんの犬に対する深い愛情を感じずにはいられなかった。彼らの間にある強い絆を、うらやましく思った。

午後になり、ジョーさんたちに村を案内してもらう。村の小さなメインストリートに建つ「マンレイ・ロードハウス」は、地元の金鉱掘りやマッシャー、わな猟師、漁師などが利用する酒場兼宿泊施設だ。一世紀ほど前の、アラスカのゴールドラッシュ初期に建てられた。ゴールドパン、かんじき、そしてグリズリー・ベアの毛皮やムースの角などの陳列品が、開拓した往時の雰囲気を漂わせていた。

砂と泥で濁ったタナナ川へと足を運ぶ。岸の上には、水流で網が回転して遡上するサーモンを獲る「フィッシュ・ホイール」が、これからの漁に備えて置かれてある。さすがに大型のサーモンが入るだけあって、驚嘆するほどの大きさだ。

その日の夕食は、ジョーさん宅でドール・シープのステーキをご馳走になる。この肉を食べるのは初めてだったが、とても柔らかく、頬が落ちそうになった。

食後にジョーさんと温泉浴場に赴く。彼の友人チャーレス・ダートさんの親切で、ご本人手作りの浴槽に特別に入れてもらった。その浴室は温泉熱を利用したビニールハウスで、西洋梨、マスカットなどの果物や、ハイビスカスなど熱帯性の植物が栽培されている。

ここは、〝ひなびた温泉〟そのもの。白い湯気が漂うなか、チャーレスさん、ジョーさん、私の三人はゆっくりとくつろいだ。

温泉の湧出地のあたりは、色とりどりの花畑になっていた。六月ごろに咲くアイリスのつぼみが、小さく膨らんでいる。風呂上がりに皆で、周辺に自生するミントの葉やワラビを摘んだ。

ここマンレイ温泉の三日間は、親切なジョーさんたちのおかげで興味深い犬ゾリの話が聞け、観光もでき、そして、人々との新たな出会いがもてた。大自然のなかで毅然として生きる彼らの強さと優しさを実感でき、とても有意義なひとときだった。

彼らのライフスタイルに、私は憧憬と敬慕の念を抱いた。

ゴールの北極海まで、690キロ。全行程のほぼ半分を残すところとなった。道草したマンレイ温泉では、後半の旅へ向けて充分に英気を養えた。ただし、訪問四校目の、そして最後となったマンレイ・ホット・スプリングス・スクールでの、不慣れな英語でのスピーチで、ほとほと疲れてしまったことを除いては……。

（五月十七日〜十九日。北極海まであと690キロ）

釣り三昧の日々

北極圏の南15キロの所で、ダルトン・ハイウェーとカヌーティ川が交差している。この地点に架かる橋からカヌーティ川を25キロほど下ると、大分県ほどの面積があるカヌーティ国立野生生物保護区がはじまる。カヌーティ川は、現在も金が採掘されているカヤカック川の支流であり、この保護区を130キロほど貫流してから本流へと流れ込んでいる。

ダルトン・ハイウェーを北上している私がカヌーティ川に出合ったのは、五月が終わりを迎えるころだった。ツンドラを清爽と流れるカヌーティ川を目にして、私はリヤカーを停めた。

例の「水平の旅」の心得で定めた「魚のいる場所では何日でも停留し、釣りを充分に楽しむこと」を忠実に遂行するためである。この日も、絶好の釣り場にさしかかれば即、釣りができるようにと釣り竿に仕掛けをつけたままリヤカーに載せていた。ここカヌーティ川でも、快晴ではかどるはずの道のりかせぎはやめにして、まずは試し釣りをしたいところだ。釣果によっては何日でもとどまるつもりである。

私が釣りを始めたのはいつのころだろう。振り返ってみると、少年時代の記憶にはいつも、自転車に乗って出かけた野山で友達と一緒に釣り竿を振っている私の姿がある。「三つ児の魂百まで」

のことわざどおり、今でも私は釣りに興味がある。

心地良いそよ風が、岸辺に咲くワタスゲを静かに揺すっている。小川のせせらぎに合わせるかのように時折聞こえてくる、モルモットの透きとおる歌声。その鳴き声は、ちょうど「ドー、ラー。ドー、ラー」の音程で口笛を吹いているかのようだ。コットンウッドの根元では、ヤマアラシがゆっくりと草を食んでいる。

釣り場のポイントは世界共通だ。川の湾曲部は流れが静かで川底は深くなっていて、「とろ」と呼ばれる。そこに、グレーリングの群れが潜んでいるはずだ。アラスカのほぼ全域に生息する北極グレーリングは、光の向きによって大きな背びれが虹色に見えるのが特徴。アラスカを訪れたら一度は釣り上げてみたくなる魅力的な魚だ。

メタルジグ（ルアーの一種）を、ポイントの少し上流めがけて静かにキャスティング。一投目から早くも40センチのグレーリングがヒット！　初めて釣り上げたグレーリングとなる。日本では「見える魚は釣れない」が定説だが、人口が少なく魚の警戒心が薄いアラスカでは「見える魚もよく釣れる」。ことに、疑似餌を泳がせて釣るルアーフィッシングで「見える魚」が「入れ食い」ともなると、それこそ笑いが止まらない。

2時間の釣果はグレーリングが二〇匹で、最大は45センチのもの。そのうちの中型の一匹は塩焼きにし、また小型の二匹は、粉々にしたクラッカーを小麦粉代わりにまぶしてムニエルにした。こうして三匹のグレーリングが、私の胃の腑に収まった。釣れた魚をその場で夕食のおかずにでき、すっかり満悦した。

残りの一七匹は釣って即座にリリースした。食べ切れない魚に塩をして持ち運ぶと、その分だけリヤカーが重くなってしまう。この先、グレーリングをはじめドリーバーデン（オショロコマ）、レイク・トラウト、アークティック・チャー（北極イワナ）などの釣りが最盛期に入る。焦らずとも、これから先でも良い釣果が期待できるのだ。

夕方だが、まだ太陽は高い。まもなく夏至を迎えるし、ここが北極圏に近いせいでもある。カヌーティ川の水音を聞きながら、テントそばの岸辺に腰を下ろす。大漁と満腹で上機嫌の私は、雄大なる自然に包み込まれてうっとりした。

流れの音にのせて、ハーモニカを吹く。

『春の小川』『故郷』『めだかの学校』……。今日は、〝川〟にちなんだ童謡を吹きたい気分だった。

ツンドラに　釣り人襲う　蚊の大群

（五月二十九日。北極海まであと485キロ）

ツンドラや湿地帯での魚釣りは、短い夏に大発生する蚊の大群との闘いでもある。

アラスカの蚊はかなり強烈で、服の上からでも刺す大型のものが多い。蚊の固まりが黒い一団となって向かってくるような釣り場では、晴天でも雨ガッパを着て、蚊よけネットを頭からすっぽりと被る。こういう釣り場では、蚊よけスプレーだけだと心細くて仕方がない。

ひと息入れるため、蚊よけネットを外して蚊取り線香に火をつけたときのこと。「線香の煙なんてなんのその」とばかりに、次々と蚊が刺してきた。アラスカで購入したこの中国製の蚊取り線香は、ほとんど効き目がなかった。

ついに北極圏に入る

うっそうと茂るタイガの森に、一本の道が延びている。

ハイウェーの路肩に、クマの足跡を見る機会が増えた。先ほど見た足跡は、数日前の雨で地面がゆるんだときについたものだろう。私の手よりひと回り大きいサイズだった。

「チリン、チリン」と鳴るクマよけの鈴が、今日はどことなく頼りない。差し入れをしてくれた、あるトラッカー（大型トラックの運転手）からの冗談「この鈴は『チリンチリン、食事の時間ですよ～。ここに、あなた（クマ）の獲物（私）がいますよ～』のディナーベルのつもりだろう?」が、気になってしかたがなかった。

前方に、小川に架かる小さな橋が見えた。この小川で探り釣りをするが、まったく当たりがない。降雨後に増水したらしく、平水時とはどうやら勝手が違うようだ。ここでの釣りはあきらめ、リヤカーに釣り竿を載せて再び歩き出す。

キャンプ地を発って15キロほど北上した所で、「アークティック・サークル（北極圏）」と書かれた案内板にぶつかった。ついに北極圏に達したのだ。ここは、南北に走るダルトン・ハイウェーと、東西に延びる北極圏とが交差する地点。北緯66度33分の緯線より北の北極圏では、夏至を中心に白夜の期間があり、また、冬至を中心に終日太陽が昇らない現象が起こる。

案内板をしげしげながめながら、しばらく休憩した。北極圏に入った充足感にひたる。およそ900キロ離れたアンカレッジから、自らの足でやっとこの地に達した喜びはひとしお。少しずつだが、着実に北極海に近づいている。

まもなく雨が降りだした。急いで雨ガッパを取り出し、ビニールシートをリヤカーに被せる。スニーカーから防水のトレッキングシューズに履き替える。通り雨であってほしいと期待したが、結局、この日の後半は終始、雨中の歩行となった。

急坂の泥道が続く峠を過ぎると、展望の開けた台地が広がっていた。そこから見渡す景観は、雨に濡れたツンドラとタイガが織り成す〝深い緑〟の世界。雨はやまないが、空は意外に明るい。遙か遠くには雲の切れ間から光が射していて、淡い虹が美しい。道のすぐそばで、ツンドラ・ローズの黄色い花が風雨に揺れている。ワタリガラスのつがいは、トウヒの梢で雨宿りをしている。

足は泥にまみれ、汗びっしょりで雨ガッパが肌から離れない。普段なら不快に感じるはずなのに、かえって気分は爽快だった。ツンドラの風雨を五感で味わいながら、北を目指した。

（五月三十日。北極海まであと482キロ）

北極圏の村コールド・フット

時折通りかかるトラッカーや旅行者と、沿道での交流は続いた。こちらからは釣り場のことを伝え、また、相手からは道路状況やクマの情報などを教えてもらう。人と出会い、薫風に酔い、そして釣り竿を振る。

この日ものんびり道草を食いながら、ゆっくりと歩いていた。

突然、ハイウェーの遙か前方に黒っぽい大きな動物が現れた。「もしやグリズリー・ベアでは？」と不安になり、急いで拳銃の用意をする。が、鈴の音か私のにおいに気づいたのか、その姿はすぐに消えた。私はそのまま歩を進めていき、動物の足跡を探した。湿った土の上に、細長い桃の形をしたひづめの跡を確認。大型のムースだった。

一九〇〇年代初期にゴールドラッシュで栄えた村、コールド・フットに到着。この地名は、一九〇〇年、金に取り憑かれた山師たちが、ユーコン河の支流のカヤカック川を遡ってこの地に達したが、足を冷やして踵を返したことに由来する。

現在のコールド・フットは、小規模ながらホテルやレストラン、郵便局、食料雑貨店、ガソリンスタンドや修理工場などがあり、内陸部で多くの役割を担う重要な村になっている。村の人口はわずか十数人だが、金鉱で働く隣村の人々、トラッカーや旅行者などで賑わっている。

ここは私にとっても大切な物資の補給場所である。フェアバンクスから発送した局留め郵便物は、この村で受け取った。

ここコールド・フットでは、トラッパー・クリークでお世話になったスーザンさんから預かっていた友人への手紙のうち、二通を無事に届けた。一通は、八日前に立ち寄ったオールドマンで渡そうとしたが留守でつかまらなかったブライアンさんに、ここで手渡すことができた。

オールドマンに住むブライアンさん宛の手紙を、115キロも離れたコールド・フットまで持ってきたのにはわけがある。先にも書いたように、内陸部で中心的な役割を果たしているコールド・フットは、付近の村（といっても200~300キロ圏だが）の人たちが頻繁に集う場所にもなっている。人の数が少ないから顔見知りばかりで、密なつき合いをしている。だからここに来れば、ブライアンさんに会えるかもしれないし、もし会えないとしても、誰かが必ず彼に手渡してくれると確信していたからだ。

案の定、ブライアンさんは買い物に来ており、手紙を渡すことができたのだった。もう一通の手紙は、ホテルのマネージャーであるリンダさんに届けた。

手紙を読み終えたリンダさんが、頬を緩めた。

「マサトシ、スーザンからの手紙をありがとう！　彼女がとても元気そうで何よりだわ。彼女がここにいたときは、いろいろと世話になったのよ」

「どういたしまして、リンダさん。スーザンさんには、私もとてもお世話になりました。ただ、道草好きの〝リヤカーの郵便屋〟なので、届けるのに一カ月半もかかってしまいましたが」

私の返事を聞いて、彼女は続けた。

「ここまでの長旅、本当にお疲れさまだったわね。うちのホテルでゆっくり休んでいきなさい。あなたの荷物は大きいから、裏口から近い奥の部屋がいいわね。それから、ビュッフェ式の夕食は、向かい側のレストランでどうぞ」

リンダさんの手厚いもてなしに、そして手紙を書いてくれたスーザンさんの心遣いに、胸が熱くなるのを覚えた。

コールド・フットには二泊した。ホテル「スレート・クリーク・イン」では久々のシャワーを浴び、衣類を洗濯し、うまい料理に舌鼓を打つ。ツンドラではテント生活が常だっただけに、天国にいるかのような心持ちだ。村では、スレート・クリークで釣りをしたり、北極圏の自然・文化史を紹介するビジターセンターを訪問したりと楽しいひとときを過ごし、これからの旅路へ向けて良い休養となった。

北極圏のオアシス、コールド・フットを後にする。北極海までかなりの距離があるが、引いているリヤカーはさほど重くない。リンダさんの手配で、途中で一度、車による物資の補給を受けられるようになったからだ。彼女の配慮で、本当に助かっている。

しばらくの間、トニー・ペアースさんと歩いた。トニーさんはフェアバンクスに住む音楽家で、夏の間はコールド・フットのレストランで旅行客にバンドネオンを演奏している。

彼は自転車を押しながら、周辺の地形や植物について話してくれた。西に見える山で、近年になって大きな金脈が発見されたことや、白トウヒと黒トウヒの見分け方など……。10キロほどの道程だったが、彼の面白い話であっというまに時間がたっていった。

ハイウェーの前方に、砂煙を上げて疾走して来る大型トラックを確認。道から少し離れて、それが通り過ぎるのを待つ。道端のツンドラに、ユキノシタの白い花が静かに咲いていた。

（六月五日～七日。北極海まであと402キロ）

大自然とともに生きるアラスカン

北極圏の北側に連なるブルックス山脈に、少しずつだが近づいてきた。ミニー・クリークのほとりにキャンプをし、残雪の山々に囲まれて釣りを楽しむ。

小川の名「ミニー」とは、『アラスカ物語』に登場する日本人、ジェイムズ・ミナノのことである。コールド・フットやこの小川の上流に住んでいた彼は、主人公フランク・ヤスダ率いるエスキモーたちとともにブルックス山脈を越えている。

一世紀前にタイムスリップしたような不思議な感覚で、私は釣り竿を振っていた。

翌日はあいにくの雨天。ミニー・クリークにキャンプをしたまま、雨ガッパを着て散策に出かけた。

灰色に濁るカヤカック川の大橋を渡った所で、北上していた進路を西へと変えた。ハイウェーから約5キロそれた所にある村、ワイズマンを訪れるためである。この近くの小川で大きな金脈が発見された一九一〇年ごろ、多くの金鉱掘りがコールド・フットから移り住んでできた村だ。繁栄時の人口は約三〇〇人だったが、現在はわずか二五人。

スーザンさんからの手紙を渡そうとジョージさんを訪ねるが、残念なことに留守とのこと。手紙を隣人に託した。

村の小さな歴史博物館「ワイズマン・ミュージアム」に足を運ぶ。約九〇年前に建てられたその小さなキャビン（丸太小屋）に、金脈発見当時からの記事と写真が展示されている。ここワイズマンは〝ゴールド・ラッシュで栄えたアラスカ最北の地〟と説明してあった。

古ぼけたキャビンの裏には、雨に濡れた〝忘れな草〟がひっそりと咲いている。往時の面影が村に残るが故になおさら、栄枯盛衰に思いを馳せた。シトシトと降る雨のせいか、村にはどことなく悲愁が漂っていた。

村の中心を流れるワイズマン・クリークで、架橋作業をしている男たちに会った。そのうちのひとりが、「うちでコーヒーでも飲んでいかないか?」と誘ってくれた。

男性の名は、ジャック・リーコックフさん。狩猟や漁のガイドをし、庭では野菜を作っている。春から夏にかけては、サーモン漁でアラスカ湾に繰り出すこともある。家族は六人、半自給自足の生活をしていた。

「獲ったサーモンとイクラのほとんどを日本に輸出するんだ。アラスカの人は、イクラをあまり食べないからね。でも、今はドル高円安で輸出は不利なんだよ」

北極圏の奥地の村で聞く、遠い日本との関係。なんだか親しみがわいてくる。

ジャックさんの話は続く。

「ここ数年の異常気象のせいか、魚の数がめっきり減ってしまったんだ。だから、今年は漁を休もうかと考えている。まったく、まいったね。村でのこの時期の長雨も、どこかおかしいんだ」

どうやら、地球温暖化による影響で、気候はかなり急速に変化してきているらしい。アラスカでも永久凍土のツンドラが解け始めているという。この異変がもたらすものは、やがて深刻な問題に発展するのだろうな、と心が曇った。

彼の話につい聞き入ってしまい、コーヒー一杯のはずが夕食までもご馳走になってしまった。数日前の猟で仕留めたという小鴨が食卓に並ぶ。彼の家族とともに、楽しい夕げのひとときを過ごす。

骨つきの小鴨を食べながら、ジャックさんが猟の話をしてくれた。

「ここからブルックス山脈一帯は、野生動物の宝庫なんだ。村から西へ5キロの所から始まる『北極圏の扉国立公園』は一九八〇年に制定された、総面積3万4000平方キロの広大な公園だよ。もちろん、公園内で猟はできないけどね……」

彼は小鴨の骨を皿に置き、再び話し始めた。

「カリブーの猟に出かけたときのことだけどね。三頭のオオカミが二〇頭ほどのカリブーの群れ

ワイズマンのジャックさんほか。以来、私は何度もここを訪れて、彼がわな猟で捕ったオオカミの毛皮のフードを、その後のアラスカ登山で使用した

を次々と襲ったんだ。食べるためではなく、単に殺すためにね。オオカミという動物は、時にハンティングを楽しむ〝殺し屋〟でもあるんだ」

「ドール・シープがかなり神経質なのには、本当に驚いたね。岩山の頂上に彼らを確認して、双眼鏡で様子をうかがっていたんだ。すると、群れのなかの一頭だけが、交替で首を寝かせて仮眠しているのがわかった。もちろん、ほかの仲間は周辺を絶えず見張っているんだよ」

「グリズリー・ベアは、獲物を襲うときにファイティングポーズをとることが多いんだ。姿勢を低くして獲物を睨みつけ、顔を斜めにして前脚で地面を蹴るという具合にね。もし、君の前でグリズリーがこのポーズをとった場合はすかさず、クマより手前の地面を狙って銃を一発撃つんだ。ほとんどのクマは、銃声や火薬臭、土煙で逃げて行くよ。それでも君に向かって来るようであれば、クマの肩を狙って撃つしかないね」

この話には、恐ろしさで身がすくんでしまった。

ジャックさんは、寒村での学校教育の問題にも触れてくれた。

「人口が少ないこの村には学校がないんだ。村の子供たちは皆、通信教育でなんとかやっている。隣に住む妹の家族は子供のことを考えて、この秋、学校があるフェアバンクスへ引っ越すことに決めたんだ。人口が五人減るのは残念だが、妹たちの気持ちもよくわかるからね……」

不本意そうな顔をした後、ジャックさんは気をとりなおすようにして言った。

「ここは不便だけど、僕は自然に近い生活スタイルを続けたいんだ。自分の子供たちには、町の学校では経験できない狩猟やサバイバルなど、自給自足に近い生活も学んでほしいんだよ」

ここアラスカでは、先住民族のエスキモーやインディアンをはじめ、移住して来た多くの人々が自然と共生している。アラスカの人々は、自らを「アラスカン」と呼ぶ。この「アラスカン」とは、自らの力で環境を切り拓いていく毅然たる姿勢、大自然のなかでの生活によって育まれる優しさや寛大さを大切にしている人々を意味する。

ワイズマンで出会ったジャックさんも、正真正銘の「アラスカン」であった。ムースやカリブーの角が飾られている家の外壁をバックに立つ彼らを写真に収めながら、その生き方に強く惹かれるものを感じていた。

（六月八日。北極海まであと382キロ）

ブルックス山脈の峠を越えて

白濁色に増水したディートリッチ川を左手に見ながら、北へ向けて歩を進めていた。ふと、道端の看板に目がとまる。

「最北のトウヒの木」と書かれてあり、看板の後ろにはトウヒの木が一本生えていた。看板の説明を読み終え、やっとその意味がわかった。つまり、このハイウェーで見ることができる木のなかで、トウヒが最も北限に生える木だということだった。すなわち、これから先には草花しか生えていない。

北上している私にとって、このトウヒが「最後の木」となる。北極海をより近くに感じる。シャンダラー・シェルフ（「岩床」の意）と呼ばれる、勾配10パーセントの急坂が目前に迫ってきたときのこと。今すれ違ったばかりの散水車が、すぐにバックしながら戻ってきた。

運転する男が私に声をかけてくる。

「おい、君はすぐそこにいる〝凄いヤツ〟に気づいた?」

「いいえ、何も見てませんよ」

私はきょとんとして答えた。

運転席のデビッド・キングさんが、何やら含み笑いをしている。

「それじゃ、車に乗りなよ。見せてあげるから」

30メートルほど南へ戻ると、彼はある場所を指さした。道端から奥へ入った所へ目をやると、母と子の二頭のグリズリー・ベアが草の根を掘って食べているではないか。一瞬、顔から血の気が引いた。

周辺の草が高いため、トラックの運転席からは容易に気づくが、歩いている私にはまったく見えなかったのだ。二頭のグリズリーはこちらに気づいたようだが、再び草の根を食べ始めた。

懸念していたグリズリーとの初の遭遇が、こういう形になるとは……。

ブルックス山脈の峠直下、シャンダラー・シェルフの台地にキャンプをする。白や黄のツンドラ・ローズが咲き、シャンダラー川（北支流）の源流が陽射しで輝いている。まさしく、〝天上の地〟という印象を抱く。この川の下流には、フランク・ヤスダらが発見したシャンダラー鉱山がある。

偶然にも、キャンプのそばに赤キツネの巣穴を発見。翌日が雨で停滞ということもあり、二日続けて赤キツネの親子一〇匹を観察する。

初日は私を警戒していた親ギツネも、二日目には幾分安心したようで、私は約10メートルの距離まで子ギツネに近づけた。子ギツネたちが互いにじゃれ合う可愛らしい様子や、親ギツネの発するかすれた吠え声などにすっかり驚喜した。

自然を満喫できるテント生活だが、クマに対する不安が常につきまとうのも事実だ。クマの足跡からキャンプを離したとしても、就寝時には神経質にならざるを得ない。拳銃を寝袋の横に置いてはいるが、「ガサッ」という動物の足音、風で草がなびく「カサカサッ」という音にびくびくしながら白夜を過ごす。長時間熟睡できた夜は少なかった。

アラスカを走るハイウェーのなかで、最も標高の高いアティガン峠（１４６３ｍ）を越える。

朝のうちは晴れ間もあったが、峠の急坂にさしかかる所で大雨となる。北極圏に連なるブルックス山脈の峠だけに、天気の移り変わりも激しい。風雨と泥道に行く手を阻まれ、気も萎えそうになるが、可憐に咲くローズマリーの小さな花が心を和ませてくれた。

険しい峻峰が迫る峠を越えると、霧の彼方にアティガン・バレーがその優雅な姿を現した。ドー

カンジキウサギ
（Snowshoe Hare）

曲：栗秋正寿

ル・シープの群れを、山腹のガスの切れ間に確認する。六〇頭を超す羊は皆、黙々と草を食んでいる。しばしの間休憩をとり、じっくりと双眼鏡を覗き込んだ。

北から吹きつける向かい風と霧のなか、泥濘《でいねい》の悪路を少しずつ進む。不思議とリヤカーを引く足取りは軽かった。最後の難所であるアティガン峠をついに越えた、という安堵感からだろうか。大陸分水嶺であるこの峠から北極海岸のノース・スロープ地帯へと、緩やかな下り坂が続いていた。

谷間を流れるアティガン川に沿って歩いて行く途中、カンジキウサギの姿を多く見る。冬毛交じりだったこのウサギも、ここにきてすっかり夏毛に生え変わっていた。カンジキウサギが跳びはねる様子から、リズミカルなメロディーが頭に浮かんでくる。

その夜、河畔に張ったテントの中で、『カンジキウサギ』の曲をハーモニカで作って吹いた。

（六月十二日～十四日。北極海まであと268キロ）

虫歯に行く手をはばまれる

悠々と大空を飛んでいた白頭ワシの勇姿は、ブルックス山脈を越えると、ゴールデン・イーグル（イヌワシ）に変わっていた。

ブルックス山脈の峠を越えた翌日の六月十五日、虫歯による39度の高熱で倒れてしまう。その虫歯には、デナリ登山中も苦しめられていた。下山後、アンカレッジの歯科医院で、徒歩旅行の間をしのげるように治療はしてもらっていたが、歩き始めて数週間後の食事中、患部の被せ物にひびが入ってしまい、神経にさわっていたのだった。

幸運にも、近くにある石油パイプラインの四番中継基地で、パラメディック（準医療従事者）のステン・キャメロンさんに一晩中看病してもらえた。ここから北極海まで、わずか一〇日の距離だが、歯痛や高熱でグリズリー・ベアや大型トラックに対する注意力が低下することを懸念した。そこで大事をとり、虫歯治療のためにフェアバンクスまでいったん戻ることにする。

翌日の午後、中継基地から無線を使い、南下しているトラックと連絡を取ってもらう。ジェーン・ラブランドさんの運転するコンボイ（超大型トラック）に、コールド・フットまで便乗させてもらう。その翌日、以前ワイズマンでお世話になったジャックさんの妹家族の車に便乗して、フェアバンクスへ。

あっというまに過ぎゆく車窓からの景色を眺めながら、北上時のさまざまな出来事をそこに重ね合わせた。この川では大物を釣り上げ、ここではクマを目撃した……。道中でのひとつひとつが鮮明によみがえる。また、山の南面を常に望む北上と、その北面を望む南下とでは、趣がかなり異なることにも気づく。南へ戻る車窓からは、ブルックス山脈北面の残雪や、水で磨かれた岩壁がとても印象的だった。

皆さんの連携プレーにより、私は570キロ離れたフェアバンクスまでスピーディーに戻ることができた。一カ月以上かけて歩いた道のりを、わずか二日で戻ったのである。

フェアバンクス到着の翌日、緊急治療の旨の連絡を取り、歯科医のブライアン・ヤマモト先生に診ていただく。虫歯と高熱による徒歩中断までの一部始終を先生に話した。加えて、虫歯治療には傷害保険がきかないので一時的な治療で費用を抑えたいことや、できる限り早く治療を終えて徒歩を再開したいことを説明した。

先生は診療時間を過ぎても治療を続けてくださり、2時間半で一気に完了。

「君の旅を、僕も応援しているよ。まあ、急がずに楽しんでもらいたいね。あっ、そうそう。もし、いつか紀行文を書くようなことがあれば、僕のことを少し紹介してくれると嬉しいんだがね……」

先生は汗を拭いながらジョークを言った。

「ええ、もちろんです。きっと紹介します」

と、私は真に受けて答えた。

実は、この冗談は「治療代はいらないよ」ということを意味していた。支払いの際に初めてわかり、お礼を言おうとしたが、先生はすでに帰宅されていた。

翌日、電話で先生にお礼を言い、帰国前にぜひ再会したい旨を申し入れた。

フェアバンクスには、養生のために三日間滞在した。その間は、以前北上中にお世話になった西山恒夫さんの家に泊めていただく。静養中は、夫人の周子さんや次男の宜宏さん、旅行者の阿久澤忠邦さんと中村愛さんにいろいろとお世話になった。

フェアバンクスからコールド・フットへは、定期便の飛行機で戻る。機内から見下ろすタイガやツンドラ、蛇行する河川の壮大さに、しばらくの間うっとりしていた。実際に歩いたハイウェーが細い線として遙か眼下に見えたときには、胸に込み上げてくるものがあった。

コールド・フットからは、北上時に知り合った電気技師のドノバン・マーハーさんの車に乗せてもらう。虫歯で倒れてから五日後の六月二十日、パイプライン四番中継基地に預けていたリヤカー

虫歯
(Toothache)

詞・曲：栗秋正寿

♩= 70
はが いーたい ねつ がーでた このままじゃつらくて
いーたい ねつ がーでた みなのおかげでまち
あるけない たか がーむし ばと あまくみた ほうっ
へともどり はい しゃーにむし ばを みてもらう しん
rit.
1. a tempo
てーおいても なおらないー ー はやくーはいーしゃに みせようはが
せつなひととの であいー ー いた
2. a tempo
rit.
いけどむしばの おかげ ありがーとうむしばの おかげ

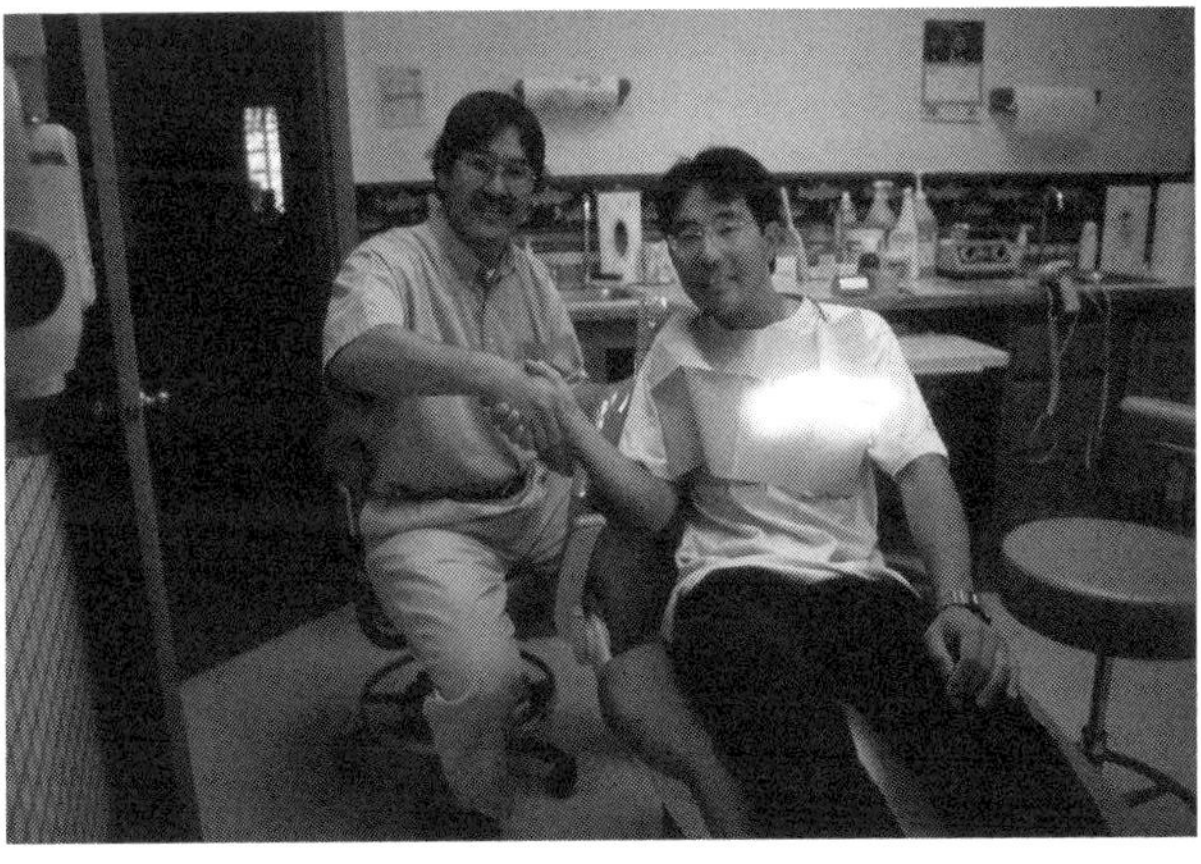

フェアバンクスの歯科医、ブライアン先生、どうもありがとう！

を取りに行き、早くも徒歩旅行を再開した。

この虫歯の一件では、自分の不注意を猛省するばかりである。しかしその半面、虫歯のために、同じ場所を徒歩、車、飛行機と異なる手段で移動するという貴重な経験もできた。また、多くの人々の優しさにふれ、素敵な出会いができたのも事実である。

皆さんの親切に心から感謝する。

たかが歯で　されど虫歯の　徒歩中断

（六月十五日～二十日。北極海まであと240キロ）

レイク・トラウトとの格闘

虫歯騒動もひとまず落ち着き、再び大好きな釣りを楽しむ。ガルブレイス湖に流れ込む小川のほとりにキャンプをして、レイク・トラウトを狙ってみた。

キャンプ地からこの湖までは、半湿地帯のツンドラを約2・5キロ歩かなければならない。ツンドラに足を踏み入れると、柔らかいスポンジの上をふわふわと歩いているかのようである。小川に沿って探り釣りをしながら湖へと向かう。小川では小型スピナー（ルアーの一種）を使い、型の良いグレーリング二匹を釣った。

湖までだいぶ近づいたときだった。二羽の黒っぽい鳥が、ツンドラを歩いている私に向かって飛んで来た。長い尾羽を特徴とする「尾長〝盗賊〟カモメ」のつがいだ。

だが、どこか様子がおかしい。「ピーッ、ピーッ」と緊迫した鳴き声を発し、私を目がけて攻撃してきた。釣り竿で何度追い払っても、つがいのカモメは交互に何度も攻撃をしかけてくる。きっと、この付近に彼らの巣があるのだろう。

盗賊カモメの攻撃は、私が彼らの縄張りから出るまで執拗に続いた。

面積が4平方キロ以上のガルブレイス湖で、釣りのポイントを探すのは至難の業だ。携行する地図から推察して、小川が湖に注ぎ込んでいる地点を釣り場に絞った。「流れ込み」と呼ばれるこういった場所は、水中の酸素や餌が豊富で絶好のポイントになる。

ガルブレイス湖で釣ったレイク・トラウト。実は、山登りと釣りのどちらかなら迷わず釣りを選ぶ、根っからの“太公望”である！

曇り空からぽつりぽつりと雨が落ち始め、格好の釣り日和となった。蚊の対策として、雨ガッパ上下、防虫ネット、蚊よけスプレーと防備を固めてレイク・トラウトを狙う。

湖岸と並行にメタルジグを泳がせていると、突然、ガッンという大きな当たりとともに道糸が走り出した。道糸が細いため、魚の引きに逆らわずに糸を出しながら、しばらくの間奮闘する。およそ15分にわたる奮闘の末、大きな白銀の魚体が岸に近づいてきた。

初めて手にする65センチのレイク・トラウト。頭部から尾にかけてのブチ模様が、何とも美しい。興奮しながらカメラのシャッターを切る。一匹目のこの魚を、夕飯のときに焼いて食べることにする。身がオレンジ色のレイク・トラウトは刺し身がうまいと聞いていたが、食中毒が心配で、ほかの魚と同様に必ず火を通すことにした。病院や救急車なんて、この付近にはまったくないのだから。

谷間のアティガン・バレーの勝景を満喫して、その後さらに60センチ前後のレイク・トラウト二匹を釣る。アークティック・ポピー（キョクチヒナゲシ）の黄色い花のすぐ横を、北極地リスが走り過ぎていった。湖岸には、小さな綿帽子をのせたワタスゲが風雨に揺れている。清澄な空気に包まれた湖での釣りを、心ゆくまで堪能した。

翌朝の出来事は、いまだに忘れることができない。テントをたたんで出発準備をしているとき、一台のトラックが停まった。石油関連会社の従業員チョン・ス・ソンさんが、車から降りてくる。

「君が歩いていることは、同僚からよく聞いていたよ。僕も、君の旅を応援したいんだ。今、財布にはこれだけしかないけど、遠慮しないで持っていきなさい」

と、彼は私に餞別を手渡そうとした。

「ありがとう。でも、気持ちだけで充分です」

私はチョンさんの餞別を丁重に辞退した。

しかし、彼はぜひ受け取ってほしいという姿勢を崩さない。

「君は日本人、僕は韓国人。顔形も文化もよく似た、いわば兄弟じゃないか。アラスカのエスキモーやインディアンたちもそう。元々はみんな同じ、モンゴロイドなんだ。だから、君のことを人一倍応援しているんだよ……」
彼の熱意にうたれ、とうとう厚意に甘えることにした。彼の言葉がありがたく、またとても印象深いものであった。

（六月二十一日〜二十二日。北極海まであと240キロ）

人生最大の釣果

湖沼でのレイク・トラウト釣り、小川でのグレーリング釣りを楽しみながらリヤカーを引く日々が続く。

トラッカーや旅行者からの差し入れも、以前と変わらずに続く。飲料水、ジュース、果物、昼食や夕食の弁当、本や雑誌、そして石油関連会社の帽子やバッジなど……。時には、キャンピングカーの旅行者から昼食に呼ばれることもあった。差し入れが消費量を上回り、日ごとにリヤカーが重くなっていく。でも、この重みはみんなの気持ちそのものだから、ありがたい重みだ。

ハッピー・バレー・クリークの手前で、ハイウェーから小道に入る。道の奥に、飛行場と一軒の家が見えた。スーザンさんから預かっていた手紙をニール夫妻（デイブさん、ナンシーさん）に届けるため、ぽつんと建つその家に向かう。ここハッピー・バレーには、彼らの家一軒しかなかった。

これで最後の配達となる手紙を、無事彼らに渡せることとなった。

ナンシーさんが笑みを浮かべて言う。

「遠い所から、スーザンの手紙をありがとう。さあさあ、家の中へ入って。疲れているでしょうから、うちに泊まっていきなさいよ」

こうして私は、1000キロを超える道のりをたどりながら、約二カ月半の〝リヤカーの郵便屋さん〟の職務をまっとうした。

ニール夫妻は一六年前から、ここハッピー・バレーで、「アークティック・ウィルダネス・ロッジ（『極北なる荒野の小屋』の意）」の経営と、軽飛行機での飛行サービスを行っている。四月から九月はここで生活し、半年間に及ぶ冬季はアンカレッジにほど近いワシラの町へ戻る。ブルックス山脈一帯への猟、釣り、登山などを目的とする人々が、シーズン中にここを利用しているとのこと。だが、ロッジらしい建物はどこにもない。

デイブさんが残念そうに言う。

「運悪く、去年の火事でロッジが全焼してしまったんだ。それで、今年になって自分たちで建て直しを始めたんだよ。大変だけど、友人たちがプルドー・ベイから廃材を持って来てくれて、とても助かってるよ。本当にありがたいね。こんな片田舎に妻とふたりで生活できるのも、皆の協力があってこそだよ」

町を外れると、隣家までの距離が数十キロ、数百キロも珍しくないアラスカ。しかし、アラスカの人々は、実際の距離を感じさせないほど強い絆で結ばれている。それは、アラスカを歩いていくなかで、常に感じていたことだった。

ニール夫妻のお宅には二晩お世話になる。二日目はここで、釣りを存分に楽しんだ。

ブルックス山脈を源流とするサガバニックトック川で北極イワナを狙うが、雨後の濁水でまったく釣れない。そこで、その支流であるハッピー・バレー・クリークに釣り場を変更した。こちらの小川は水が澄んでいて、大型のグレーリング数匹が悠々と泳いでいるのを確認。強烈な蚊と闘いながら、茂みに身を隠してルアーを投げ入れた。

群れのなかでいちばんの大物が、見事にヒット！　さすがに引きが強い。しばらくその魚と格闘し、ようやく岸に引き寄せた。タモ網は持っていないので、いつものとおり〝ゴボウ抜き〟（水面から魚を一気に引き抜くこと）をする。

その瞬間、優に40センチは超えるグレーリングが大きく暴れ、ルアーの針が外れてしまった。その反動でルアーが私のほうに飛んできて、針が右肩後部に刺さってしまう。釣り針の〝返し〟部分が見えないほど深く刺さったので、簡単には引き抜けない。釣りを中断し、助けを求めにニール夫妻の家へと急いだ。

事情を知ったデイブさんが、すぐにペンチで針外しに取りかかってくれる。やはり針の〝返し〟が曲者で、なかなか引き抜けない。そこで彼は針の中ほどを切断し、肩の肉に針を押し込むようにして、残りの針先を取り出してくれた。激痛が走ったのは、いうまでもない。

私が少し落ち着いてから、デイブさんが言った。

「ほら、もう大丈夫だよ、傷口はしっかり消毒しておいたからね。これまでの道中、君は数多くの魚を釣ったんだろうね。けれど、今日の〝魚〟が今までで一番の大物なんだろう？」

「…………」

たしかに、これまで釣ったなかで一番の大物は、45センチのグレーリングでも65センチのレイク・トラウトでもなく、１６８センチの私自身になるだろう。

徒歩旅行の道中では、まさに〝しらみつぶし〟のごとく探り釣りをしてきた。魚を釣りすぎて、とうとう罰が当たったのかもしれない。針にかかった魚の痛い気持ちが、少しだけわかる気がした。

（六月二十八日〜二十九日。北極海まであと146キロ）

まっすぐで単調なノース・スロープを進む

これまで、車が跳ね上げる砂利の防御策として、ヘルメット、サングラス、マスクは常に装着して歩くようにしていた。しかし、砂煙を上げて疾走して来る超大型トラックも、私に気づくと減速してくれる。ありがたいことに親切なドライバーが多く、砂利がじかに飛んでくるようなことは一度もなかった。

見慣れたライトグリーンの超大型トラックが、私の前で停まった。誰が乗っているか、おおよそ見当はついていた。ドアが開くとやはり、トラッカーのパトリック・トゥーマさんである。

彼はサングラスを外しながら、トラックから降りてきた。

「やあ、マサトシ、調子はどう？　さあ、一緒にひと休みしよう。今日はプルドー・ベイから、サイダーとフルーツを持ってきたんだ。次回は何を持って来ようか？」

「パトリック、いつもありがとう！」

路肩で立ち話をしながら、冷えたサイダーを一本ずつ飲む。汗をかいて喉が渇きやすいので、この冷たさがたまらない。彼からの差し入れは、これで五回目だ。フェアバンクスとプルドー・ベイをトラックで往復する彼は、自宅と社員食堂から何度も食料を運んで来てくれたのだった。

パトリックさんの厚意に対してもほかの人と同じく、福岡の絵はがきにお礼を書き、心から「ありがとう」と言って手渡すのが精いっぱいだった。

片道でも800キロほどもあるフェアバンクス—プルドー・ベイ間を、たった二日で往復する超大型トラック。やはり、車は偉大な乗り物だ……。

完全な白夜となったので、テントの中は常に明るい。バンダナをアイマスクの代わりに巻いて寝ていたときのこと。

「ボトッ。ボト、ボトボトボトッ……」

と、突然の雨音に目を覚ます。干し物を取り込みに、慌ててテントから這い出る。だが、外は雲ひとつない青空。雨粒の音ではなかった。

「………？」

と、ひとかたまりの黒い影が、凄い勢いで私に向かってきた。音の正体は、テントにぶつかる蚊の大群だったのだ。

このときは、蚊をはたきながらテントに飛び込んだので、何カ所か刺されただけですんだ。

蚊の数がピークとなる七月上旬、野外での食事はまったく気が抜けない。恐らく、熱を感知して集まるのだろう。湯気の中に飛び込んできて、そのまま「すとーん」と鍋の中へ。一匹一匹つまみ出してからラーメンや雑炊を食べるのが日課となる。

ハイウェーを歩いているときも油断禁物だ。

「キュュュ～ン、キュュュ～～～ン」

トーンの高い耳障りな音とともに、蚊の黒い固まりがいつまでもついてくる。蚊の〝背後霊〟という表現がぴったり。

この〝背後霊〟から逃れようと、リヤカーを引いたまま全速力で走ってみた。だが、まったくの無駄。羽で飛ぶ蚊のほうが速いことくらい、冷静になってみれば容易にわかることだ。まったく、自分が情けなくなる。

毎日、絶えず耳にしていた「キュユユユ〜ン、キュユユユ〜〜〜ン」という羽音から、メロディーがだんだんと頭に浮かんでくる。こうして、私は名曲（?）『蚊』を作曲したのだった。

プルドー・ベイの手前約90キロのあたりから、ハイウェーがほぼ一直線となる。三日と半日もの間、北へと延びるまっすぐな道は続いた。

山や木など、視界をふさぐものはいっさい存在しない世界。そこにあるのは——背丈の低い草花、湿地帯、スポンジのように柔らかいツンドラ、氷河の融水が溜まってできたツンドラ湖沼、地表近くの地下水が凍って盛り上がった「ピンゴ」と呼ばれる凍土の丘……。

延々と続くまっすぐなハイウェーは、風景がいっこうに変わらない。また、点のように見える数キロ先の道路も、なかなか近づいてはこない。朝、キャンプを発って30キロほど歩き、夕方再びキャンプをする。けれども、周囲の景色にはなんら変化はなかった。

リヤカーを引き、てくてくと歩きながら考える。

まっすぐな道は、短いようで長い
まっすぐな道は、単調すぎてつらいから

蚊

（Mosquito）

曲：栗秋正寿

曲がりくねった道は、長いようで短い
曲がりくねった道は、変化があって楽しいから
道草食って外れたり、脱線してから戻ったり
一歩進めば立ち止まり、三歩進んで二歩さがる
先の見えない道だから、いろいろあって面白い
だから、まっすぐな道は曲がりくねった道よりも
実に長いと感じてしまう

（七月一日～四日。北極海まであと43キロ）

「水平の旅」の終着点

ツンドラ地帯をまっすぐな道が北へ北へと続いている。ハイウェーと並行していた石油パイプラインは、いつのまにか地中に潜っていた。

可憐に咲いているアークティック・ベル・ヒーサーの白い花は、〝ツンドラのスズラン〟そのもの。ファイヤーウィード（ヤナギラン）とルピナスの花畑では、赤キツネの親子が戯れている。木こりの仕事が好きなビーバーの姿は、もはや見ることができない。見渡すかぎり、木が一本も生えることのないノース・スロープなのである。

不意に、地平線の彼方に鉄塔のようなものが現れる。無限であるかのような大自然とのギャップに、最初は錯覚とさえ思った。だが紛れもなく、プルドー・ベイに隣接するデッド・ホース港の管制塔だった。続いて石油採掘の大型施設、そして巨大なオイルタンクの数々が目の前に現れる。

三カ月余りを北上し続けた目的の地、プルドー・ベイ。一九六八年の油田発見に伴い、突如現れた最新鋭の油田基地。人口はわずか二五人だが、油田地帯での稼働人口は二五〇〇人にも達する。大自然のなかを歩き続けた果てに見たものは、悲しくも至極人工的な場所だった。

飛行場の裏地に最後のキャンプをするが、ここには生ゴミをあさる厄介なクマが多い、との現地情報が気になっていた。その懸念どおりに、翌朝、従業員宿泊所の周りを歩く二頭のグリズリー・ベアを目撃したときには、愕然としてしまった……。

（七月五日。北極海まであと21キロ）

いよいよ、北極海にゴールする日を迎えた。

昨日までの晴天とは異なり、あいにくの曇り空と海からの霧。前日歩き終えた地点から、まず10キロほど北上。ここで一般道路が終了する。そこから先は、石油会社の私有地へと変わる。

昨夕、警備員を通じて油田施設の責任者に、「ゴールの海岸まで、私有地内を歩かせてほしい」との旨を伝えていた。

本来ならば部外者は、許可を得ている旅行会社のバスでしか施設内には入れない。リヤカーを引いての通行が、はたして許可されるものかと不安だった。

門の前で、守衛さんが目を細めて言う。

「うちのボスから、君に特別許可が下りたよ。ただこの時期、トラックなど交通量は多いし、ヒグマやホッキョクグマがいるからとても危ないんだ。だから、君のボディガード（？）がひとり用意

北極海のプルドー・ベイでゴール。「水平の旅」の終わりのセレモニーとして、
アンカレッジでのスタートと同じく“海抜ゼロ”で締めくくった

されている。ショットガンを持つ警備員が、トラックで君のすぐ後ろをついて行くという具合にね。……ガンバレ、ジャパニーズ・カリブー、あともうひと息だ！」

こうして石油会社から、あっさりと〝特別歩行許可〟を得たのだった。

海岸まで残り10キロを切った。

北極海へ続く最後の道を今、私は歩いている。およそ三カ月前にアンカレッジを発ってから、今日までのことを振り返りながら、そしてアラスカの大自然を心と身体で感じながら。

そこで生活している人々や、旅行者との出会いの数々……。

雄大な自然のなかに、すっかり溶け込んでいた日々……。

連日のハプニングでは常に人々の優しさに助けられ、そして自然の美しさにいつも励まされてきた。

七月六日、午後六時。ついに、北極海のプルドー・ベイ、東の桟橋に到着。

アンカレッジから1400キロもの長い旅路だった。

とうとう、ここまで歩いて来てしまった。

ただただ感謝の気持ちでいっぱいで、目頭が熱くなる。

ありがとう、アラスカの皆さん。

ありがとう、アラスカの大自然。


「水平の旅」の締めくくりとして、自分の手とリヤカーの車輪を海水に浸す。その瞬間、涙が溢れてきた。しかし、その涙が、必ずしも達成感の〝嬉しさ〟だけからくるものではないことに、私は気づいていた。「充実した水平の旅が、たった今終わってしまった」という〝さみしさ〟からの涙でもあった。

「垂直の旅」、デナリ登頂時と同じ種類の感情を抱いていた。私の中の小さな夢がひとつかなったことで、夢のひとつを失ってしまったということだ。

「もう、明日から北へは歩けない。ここで行き止まりなんだ。もし、この北極海が凍っていれば、充実した北上の旅が続けられるのに――」

濃霧と北風の渚にたたずんで、見えるはずのない北極点を、いつまでも、いつまでも見つめていた……。

冬季デナリ登頂記録

（デナリ国立公園の資料より）

冬季初登
1967 年 2 月 28 日　アメリカ人 Dave Johnston、Art Davidson、Ray Genet（フランス人 Jacques Batkin が登山中に死亡）［ウエスト・バットレス・ルート］

冬季第二登
1982 年 3 月 7 日　イギリス人 Roger Mear、アメリカ人 Mike Young（同行した Jon Waterman は登頂せず）［カシン・リッジ・ルート］

冬季第三登
1983 年 3 月 11 日　アメリカ人 Charlie Sassara、Robert Frank（Frank は下山中に死亡）［ウエスト・リブ・ルート］

◆**冬季第四登（単独初登）**
1984 年 2 月 12 日　日本人・植村直己（下山中に死亡）［ウエスト・バットレス・ルート］

冬季第五登（単独第二登・初の生還）
1988 年 3 月 7 日　アメリカ人 Vern Tejas［ウエスト・バットレス・ルート］

冬季第六登
1989 年 2 月 20 日　オーストリア人 Helmut Steinmassl, Helmut Mittermayr, Walter Laserer［ウエスト・バットレス・ルート］

◆（1989 年 2 月 22 日、3 人の日本人がウエスト・バットレスで死亡）

冬季第七登（単独第三登）
1989 年 3 月 11 日　アメリカ人 Dave Staeheli（ウエスト・リブ・ルートの冬季単独初登）

冬季第八登
1998 年 1 月 16 日　ロシア人 Artur Testof、Vladimir Ananich（同行した Alexandr Nikiforov は登頂せず）［ウエスト・バットレス・ルート］

◆**冬季第九登（単独第四登）**
1998 年 3 月 8 日　日本人・栗秋正寿［ウエスト・バットレス・ルート］

冬季第十登（単独第五登）
2015 年 1 月 11 日　アメリカ人 Lonnie Dupre（初めて 1 月に単独登頂）［ウエスト・バットレス・ルート］

これまで 17 人が冬季登頂に成功。登山中および下山中に 6 人が死亡している。世界で初めて単独で冬のデナリに登頂した植村直己さんは下山中に亡くなったため、栗秋正寿は単独登頂に成功して生還した最初の、唯一の日本人。2020 年現在、冬季単独は 5 人しか達成しておらず、栗秋は最年少記録（当時 25 歳）も保持している。

「君が植村直己さんの旅を終わらせた（You have completed Naomi's journey.）」

デナリから下山した私を、麓の町タルキートナで祝福してくださったバーン・ティハスさんからの言葉だ。私は恐縮して答えた。

「ありがとうございます。でも、私には非常にもったいないお言葉です。私は、山旅というものは、国籍などを問わないひとりの人間としての旅ととらえています。ですからその意味で、植村さんの旅は、バーン・ティハスさんがデナリの冬季単独登頂に成功した一〇年前、すでに完結していると思うからです」

世界の冒険家・登山家といわれる植村直己さんは日本だけでなくアラスカでも偉大な存在であり、私が比較されることなど考えられなかった。アラスカの山旅を始めてまだ四年目、経験に乏しく技術も未熟なことは、ほかの誰よりも私自身がいちばんよく知っている。だから、冬のデナリで遭難されたベテラン登山家である植村直己さんや山田昇さんらの山旅を、私が命がけで終わらせようという〝弔い合戦〟のような気持ちは、最初からまったくなかった。

不注意で起こした右手人さし指の先を失う事故が海外登山へのきっかけとなり、私は夏のデナリの洗礼を受けた。そのとき抱いた冬のデナリに対する畏れという気持ちが、本文でも触れたように、たび重なる貴重な出会いや出来事によって、興味からさらに憧れへと移り変わっていった。もしも、これらの出会いや出来事のどれかひとつでも欠けていたら、私の冬季デナリの山旅は実現していなかっただろう。目に見えない自然の流れが、私を冬のデナリへ導いてくれたように思えてならない。今回の山旅を無事に終えることができたのは、冬場としては割合に穏やかな天候が続いたためであり、単なる幸運だったに過ぎない。ともあれ、不運にも同じ山で多くの方の貴い命が失われたことは事実である。ここに、デナリで遭難されたすべての方のご冥福を心よりお祈り申し上げます。

北極海側のプルドー・ベイで幕を閉じた「水平の旅」には、実はもう少し続きがある。私はリヤカーや荷物と一緒に、プルドー・ベイから北米大陸の最北端の町バローへと飛んだ。バローは、『アラスカ物語』の主人公フランク・ヤスダが一八九三年ごろにたどり着いた場所であり、現在は北アメリカ最大級のエスキモーの町になっている。

バローへの旅には、北上途中のハイウェーで知り合ったカリフォルニア州からの旅行者、キャップ・チャスティンさんが、親切にも同行してくださった。それが縁で、彼の友人パティ・ブーンさんが、バロー市長であるジム・ボーダーストレイスさんを紹介してくださった。私は、市長宅に一〇日間も泊めていただいたのである。

ここバローでは、およそ三カ月間も続く「真夜中の太陽」といわれる白夜をはじめ、チュクチ海でのクジラやアザラシなどの観察を楽しんだ。そのなかでも特に心に残ったのは、北緯71度23分のアラスカ最北端の岬ポイント・バローに、キャップさんと足を運んだことである。

青く冷たい北極海に流氷が浮かび、砂浜にはクジラの巨大な骨がぽつんと置かれている。

こんな北の果てにも草花が力強く根を張り、波打ち際にはなんとクラゲが漂っていた。極北の雄大な景色と生命力への感動をキャップさんと共有できたことは、大切な旅の思い出のひとつとなった。

こんなふうに、最後まで私は旅行者や現地の人々にお世話になっている。

「垂直の旅」「水平の旅」を終えた今、この二つの旅を私なりにいろいろな視点で対比させながら振り返ってみた。アラスカを垂直方向に旅することと、水平方向に旅すること。山地の自然を堪能することと、平地の自然を満喫すること。私自身と向き合うことと、人々と交流することなど。

これはアラスカという世界を、文字どおり垂直に観ていく〝垂直思考〟（注1）と水平に観ていく〝水平思考〟（注2）とも言い換えることができる。つまり、この二つの旅は、私が今まで行ってきたアラスカの山旅の延長にあった「垂直の旅」、そして山地では味わえない平地の世界も知りたいという新たな発想に基づいた「水平の旅」であったと言えるのだ。

1998年7月16日、キャップさんとポイント・バローへハイキングに行く

正直なところ、私がアラスカに惹かれる理由を、この本のなかで充分に説明しきれているとは思えない。そもそも旅をしている私自身が、なぜアラスカに魅了されるのかをはっきりとはわからないでいるからだ。

が、この「わからない」ということが、本当は大切なのかもしれない。アラスカの大地がもつ奥の深い魅力が、未熟で経験の浅い私にはまだよくわからないので、それが何であるかを探し求めていくことになる。それはきっと、まだ自覚していない心の奥底にいる〝もうひとりの私〟が「アラスカに行きたい！　アラスカにこそ、自分が求めているものがある！」と叫んでいるからだろう。

自然の美しさと人々の優しさを求めながら〝旅を楽しむ〟ことが、私の活動を紹介するキーワードである。今後もリラックスして旅ができるように「不言実行」をモットーにし、マイペースで「垂直の旅」や「水平の旅」を楽しんでいきたい。いつかまた、旅の途中で感じたことをハーモニカで曲にし、それを皆さんに紹介できたら幸いである。

かけがえのない経験ができた自身の健康と境遇に感謝するとともに、これまで私の旅を支えてくださったすべての方に深謝いたします。

最後に、若輩者の私に出版の機会を与えてくださったＲＫＢ毎日放送ラジオ局の津川洋二さん、紀行作家の伊藤ユキ子さん、山と溪谷社の神長幹雄さん、萩原浩司さんにこの紙面をお借りして御礼申し上げます。

二〇〇〇年五月　　栗秋正寿

（注1）ある問題の解決にあたって、従来一般にそうすべきだとされてきた手順を追って、論理的に結論を導こうとする考え方。
（注2）ある問題の解決にあたって、従来考えられたただひとつだけの手がかりにこだわらず、まったく異なったいろいろな角度から手がかりを得ようとする考え方。

増補——それからの旅

世界初のフォレイカー冬季単独登頂

（編集注）一九九八年のデナリ冬季単独登頂の後、栗秋正寿は毎年のように冬のフォレイカーとハンターに挑み続け、二〇〇七年三月、それまで誰もなしえなかったフォレイカー冬季単独登頂に通算四度目のチャレンジで成功した。

〈二〇〇七年の旅〉

アタック日

二〇〇七年三月十日、午前四時。ここはアラスカ山脈第二の高峰フォレイカー（５３０４ｍ）南東稜に掘った最終キャンプ（ＨＣ、High Campの略）の雪洞の中（４０８０ｍ）。気温マイナス20度で熟睡していたが、外に立てた旗竿が風でカタカタ鳴る音で目を覚ます。高山病と乾燥で咳がひどく出る。

午前七時四十八分、朝焼けのなか雪洞キャンプを出発。天気は晴れ、弱風。気温はマイナス30度。雪庇とナイフリッジの稜線を慎重に進む。傾斜50度の雪面には、猛烈な風が造り上げた長さ30センチほどの〝牡蠣〟の形をしたシュカブラ（雪殻）がへばりついている。アイゼンの爪先で蹴り込むたびに、割れたシュカブラが１０００メートル下の氷河へと転がり落ちる。

フォレイカー南東壁で雪崩が発生。「ゴォォーーッ！」という戦闘機のような爆音とともに疾走していった。

午前八時五十分、約1時間で４２６０メートルの鞍部に到着。まずまずのペースだが、気になることがあった。紺碧の空に雲ひとつないフォレイカーとは対照的に、北東24キロにそびえるデナリ

フォレイカー、最終キャンプ上のナイフリッジ。左端の稜線付近が登頂日のビバーク地点

（6190m）と東16キロに位置するハンター（4442m）の山頂には早朝から雲がかかり、風下に長くのびている。南東の強風が見てとれた。「フォレイカーには吹かないでくれ……」。祈るような気持ちで雪稜を登る。

午前十時五十分、標高4470メートルに達して雪稜を抜けた。ここから頂上までは、標高差830メートル、傾斜35〜40度の大斜面が続いている。ザックから魔法瓶を取り出し、温かいスポーツドリンクを口に含む。休憩もそこそこに先を急いだ。やがて、フォレイカー山頂にも雲が湧き始め、心配していたことが現実のものとなる。

＊

一月三十一日、ポール・ロデリックの操縦する軽飛行機でカヒルトナ氷河に向かった。予定していたカヒルトナ氷河・南西支流のベースキャンプ（BC・1980m）には強風のため着陸できず、そこから北東に4・5キロ離れたカヒルトナ氷河の本流エリアに着陸してＢＣ（１９７０ｍ）を設置した。ＢＣでは、同日に入山した写真家の松本紀生さんが風除けのために雪のブロックを積み上げていた。冬のカヒルトナ氷河で彼と会うのは三度目になる。八年前から冬のアラスカ山脈に通い続ける彼は、二カ月かけて「デナリのオーロラ」を撮り続けている。

「くりちゃん。南風は強いけど、この暖かさは異常だね。こんなの初めてだよ」

「まっちゃん。カヒルトナ本流は北風がまともに吹き下ろしてくるから、おたがい気をつけようね」

実際、入山時の氷河上の気温は0度前後。ＢＣから南西に約１００キロ離れた登山基地の町タルキートナでも、この日の最低気温は0度、最高気温が６・６度を記録した。

ところがその後、気温は日を追うごとに下がり、二月中旬から三月下旬のアラスカ中南部は平年よりも寒い冬となった。フォレイカーでもマイナス20～30度を下回る日が続き、けっきょく五七日間の山旅で雪が降ったのはわずか九日間。とりわけ二月十六日から三月十九日の間は一カ月以上も降雪がなく、雪崩の危険は少なかった。そのかわり、冬場に強まるジェット気流の影響からブロッキング高気圧（異常気象をもたらす変則型の高気圧）が発達した。連日北寄りの風が強まり、氷河上は地吹雪に見舞われ、フォレイカー南東稜には雪煙が上がり、山頂はレンズ雲におおわれた。

デナリからフォレイカーへ

一九九五年七月、大学の山岳部員どうしふたりで初めてデナリに登り、白夜のなかを登頂。山頂から目の前にそびえるフォレイカーとハンターの雄姿に見惚れた。「この二つの山頂からデナリを眺めてみたい！」と、思いが募った。

アラスカから帰国後、アラスカ山脈登山のバイブルともいえる『HIGH ALASKA』（ジョナサン・ウォーターマン著）を再読。マッキンリーの現地名がデナリ（高いもの）と呼ばれるように、フォレイカーはスルタナ（女性・妻）、ハンターはベッグヤ（子ども）と呼ばれ、いずれもアラスカ先住民に崇拝されてきた山であることを知り、縁を感じた。

一九九六年四月、デナリの〝ファミリー〟である両峰の登頂をめざした。大学山岳部の後輩たちを誘ったが、みなそれぞれに事情があり、けっきょく単独行となった。

両峰とも天候不順のため途中で断念することとなったが、この四九日間の山旅で多くのことを経験した。引き返すかどうか決断する勇気、孤独な時間の過ごし方、単独行ならではの大自然とのより強い一体感や旅を終えたときの充実感、そして〝もうひとりの自分〟との対話など……。

なかでも、冬の名残の四月から初夏の六月のアラスカ山脈を体験したことで、それまで抱いていた冬季のデナリ登山に対する恐れが、「どういう世界か知りたい」という興味へと移り変わった。その思いが通じるかのように、冬のデナリの登山経験者や気象の研究者との偶然の出会いが重なり、冬のアラスカ山脈について多くの情報を得ることができた。

一九九六年秋から冬のネパール・ヒマラヤで高所順応と耐寒訓練をすませた私は、一九九七年二月、世界で最もオーロラに近い山——憧れの冬季デナリへと旅立った。初めての冬のデナリは、頂上まで標高差１０００メートルの地点で引き返した。猛烈なブリザードに阻まれて停滞が長引き、計画した下山日まで残り時間がなくなったからだ。氷壁を下りながら「また来年も登らせてもらうばい」と山の女神に誓った。

一九九八年三月八日、私はひとりデナリ山頂に立った。気温マイナス37度、南からの疾風。ガスがおおい始め、天候悪化が迫っているためわずか1分間の頂上滞在。ホワイトアウトで山頂からフォレイカーを望むことはできなかったが、次はデナリの〝妻〟に同じスタイル、冬季単独で登りたいという計画がひらめいた。

一九九九年以降、私は冬季のフォレイカー単独登山を三度試みた。初回の一九九九年は、入山四二日目の四月三日、スルタナ稜から登頂。二回目の二〇〇一年は、入山五三日目の三月三十一日、南東稜から登頂した。入山からフォレイカー登頂にいたるまで、連日のブリザードで停滞を余儀なくされ、いずれも登頂日が春にずれ込んだ。

デナリ国立公園の規定では、「冬季」とは「冬至から春分の日の前日まで」とされている。すなわち、日照時間が12時間を上回る春分の日こそが、アラスカでは「春の到来」を意味するため、三月二十一日以降に登頂しても「冬季登頂」とはみなされないのだ。

三度目の二〇〇二年は記録的な暖冬だったこともあり、不安定な雪質のため雪庇を三回崩した時点で、あまりにも危険と判断して断念。南東稜のわずか２９５０メートル地点で踵を返した。そして今回のチャレンジとなる。

スタイル

今回のルートには一九九六年、二〇〇一年と同じ南東稜を選んだ。頂上から南東に派生するこの尾根は、標高３５００メートル地点で南東支稜と南西支稜に分かれている。カヒルトナ氷河本流のBCから、同氷河を約１・６キロ横断すると南東支稜の末端部（２０４０m）に出合う。ここから、標高差３２６０メートル、全長8キロの南東稜がフォレイカー山頂へとのびている。末端部から傾斜35～45度の雪稜を登り、小ピークにキャンプ１（Ｃ１、２４７０ｍ）を設置。南東支稜の２６００メートル地点から南西支稜に向け、雪崩エリアのトラバースが始まる。南西支稜に合流した後の尾根上にＣ２（２９８０ｍ）、さらにクレバス帯と氷雪壁を抜けた地点にＣ３（３４４０ｍ）を設けた。Ｃ３から二ピッチで雪壁を抜け、クレバスが無数に走る尾根を進んでいくとＨＣに到着する。ルートの一部に現われる傾斜60～80度の氷雪壁では、直径8ミリ、長さ60メートルのロープ二本を張り替えながら、合計九ピッチに固定ロープを設置して登下降時の安全を期した。

アラスカ山脈は北極圏に近いため、とくに冬場の気温はマイナス40度を下回り、強烈な風に見舞われ、天候が激変する。好天は長続きせず、いったん荒れると地吹雪やブリザードが一、二週間続き、その間テントや雪洞の中で停滞を強いられる。今回のフォレイカー登山もこれまでと同様、極地特有の暴風を安全にしのいで登頂チャンスを広げるため、二カ月の登山期間を設け、「カプセル・スタイル」で臨んだ。

「カプセル・スタイル」とは、荷上げを繰り返し行ってひとつ上のキャンプに移動し、ＢＣに戻らずそのまま次のキャンプへ荷上げを繰り返して山頂をめざす登山スタイルである。このスタイルの利点は、滞在キャンプにつねに充分な食料・燃料を確保でき、長い停滞にも対処できることにある。

ＢＣには七〇日分、総重量１５０キロを超す装備・食料を用意した。雪の深さや傾斜に応じて荷物を小分けにし、ＢＣ～Ｃ１間五往復半、Ｃ１～Ｃ２間四往復半、Ｃ２～Ｃ３間三往復半、Ｃ３～ＨＣ間は一往復半して荷上げを行なった。

雪洞にひとり

冬のアラスカ山脈登山で最も注意を要するのが極地特有の風だ。日本山岳会科学委員会がデナリの5715メートル地点で観測した結果、一九九五年二月に風速50メートルを超す風が7時間半にわたって吹いた。最大瞬間風速は優に100メートルを超えると推測された。この状況で尾根にテントを張っていれば、吹き飛ばされるのは必至である。ちなみに台風の暴風域とは風速25メートル以上をさす。冬季の烈風がどれほど過酷かを、この観測データは物語っている。

私のキャンプのスタイルは、この猛烈な風に対処するために雪洞を多用する。一九九八年のデナリ登山以降は、テントは氷河上しか使用せず、急峻な尾根や氷雪壁が始まる地点から上部のキャンプはすべて雪洞を掘っている。今冬のフォレイカー登山でも、最初の五泊(BC)のみテントを使用し、残りの五一泊(C1~HC)はすべて雪洞を利用した。

雪洞の掘り方は次のとおり。初めにゾンデ棒で雪面を刺し、堅い層がないかチェックする。道具はスコップとピッケルのみ。斜面に対して水平に掘り進み、入口のトンネルを作る。そこから横斜め上に室内用の空間を作ると、暖まった空気が逃げにくい。とくに雪をかき出す作業は、できるだけ腕を使わず、脚を使って蹴り出す。幅の狭いヒドン・クレバスがうまく見つかればそれも利用する。雪洞の奥から掘った雪をかき出すのはひと苦労だが、クレバスに落とせばすむ。雪質や地形にもよるが、だいたい3、4時間かかる。広さは二畳ほどで、高さは立て膝がつける程度。風が吹き込む場合は雪のブロックで入口を塞ぐ。火を使うときは必ず天井に換気用の穴を開ける。

今冬は入山からアタックまでの三九日間のうち、合わせて一一日間が悪天候で停滞日となった。

なかでも南西支稜に設けたC2では連続四日間、雪洞に閉じ込められた。

雪洞キャンプの利点は、外がどんなに激しい嵐でも静かな空間が確保でき、より安全に休息できることにある。停滞が長引くときは、小型ラジオ（最多で五一局も入る！）で天気予報だけでなく、カントリー・ミュージックやスムース・ジャズなどを聴いて、「情報から閉ざされた環境にありながら最新の音楽シーンを先取りしている気分」も楽しんでいる。ミニ・ハーモニカを吹いたり、山岳川柳を詠んだり、日記をつけたり……。一見退屈そうな停滞日も、意外とあっというまに過ぎる。

水作りは停滞日に限らず日課である。炊事に使う水だけでなく、高山病や凍傷の予防として水分補給を充分に行なう。一日あたり４００〜４５０ミリリットルの無鉛ガソリンを使い、朝晩それぞれ2、3時間を費やし、雪を溶かして水を作っている。

「二カ月間もひとりで寂しくないのか？」

一九九八年、冬のデナリから下山後、アラスカを歩いて縦断した「水平の旅」の道中で、こんな声をよく耳にした。その問いに「ない」といえば嘘になるかもしれない。もちろん下界でひとりのときは寂しい。けれども、だれひとりいない冬のアラスカ山脈で過ごすこと自体を楽しんでいるので、あまり寂しいとは思わない。自分と向き合い、孤独な時間を楽しむ、とでもいえるだろうか。

ビバーク

三月十日午後三時八分、５０５０メートル地点に達した。頂上までの標高差は２５０メートル。フォレイカー山頂に上がる雪煙の流れを見ると、風向きが北東から北に変わりつつあった。ガチガチの斜面にザックを置き、体ひとつで頂上へと向かう。傾斜35〜40度の大斜面には氷の層が露出していてスリップしやすく、思うように高度がかせげない。見上げる稜線に雪煙が上がり、吹き下ろしてくるつむじ風にマイナス40度の寒気。寒いというより痛い。顔のわずかな露出部は針先でチクチク刺されている感覚だった。

「あともうひと息!」

頂上を目前にして高揚している私。

「時間的にヤバイな……」

帰路を心配する醒めた〝もうひとりの自分〟がそこにいた。

二つの氷の崖を横目に過ぎ、一九九九年に登ったスルタナ(北東)稜ルートと合流。頂上へ続く雪稜に出た。最後の登りを一歩一歩、確実に踏みしめる。

午後五時三分、フォレイカーに登頂。

体感温度マイナス70度(気温マイナス45度、風速10~15メートル)。

西日を浴びたフォレイカー南峰(5124m)には大きな雪煙が上がっている。つむじ風のなか、北東の方角にデナリ、東にハンターがそそり立つ。デナリ〝ファミリー〟の三山から、私が迎え入れられた瞬間だった。

正直「ほっと」した。四度目のトライで念願の冬季登頂。感慨もひとしお。

冬のデナリ登頂以来、妻のフォレイカーが嫉妬していたのかもしれない。

やはり女性は一枚も二枚も上手である。

フードに縫い付けたオオカミの毛皮が風になびくなか、頂上からのパノラマをカメラに収める。

フォレイカー登頂ルート。ベースキャンプから頂上までの標高差は約3300m だが、荷上げを繰り返すため、累積高度は約 9700m に及ぶ

「心からありがとう」

フォレイカーに感謝。そして家族や私の山旅を支えてくれているすべての人に深謝した。

10分後、山頂をあとにした。標高差で1200メートル下のＨＣまで、なんとしても戻りたかった。しかし、夕闇が迫り、地吹雪の勢いも増してきた。眼鏡の曇りが凍りつく。3時間ほど下った標高4400メートル地点でビバークを決意した。ここからＨＣの間には、油断のならないクレバスや雪庇とナイフリッジが連続し、充分な視界が得られない状況で下山を続けるには危険すぎると判断したからだ。

疲労困憊だったが、生きるために小さな雪洞を掘った。マイナス40度の寒気に地吹雪が襲いかかるなか、3時間半かけ、やっとのことで掘り終えた。ロウソクを灯し、ガソリンストーブでお湯を沸かし、ラーメンとココアを胃に流し込む。冷えきった身体が徐々に温まるのを実感した。

午前一時過ぎ、入口を雪のブロックで塞ぎ、吹き込む風を締め出した。マイナス28度の雪洞内、寝袋なしでウトウトする。夢うつつのなか、雪洞掘りの最中に見たオレンジ色の光を思い浮かべていた。暗闇の彼方に見えた光は、フォレイカーから南南東に約220キロ離れたアンカレッジの街の灯りだった。

南東稜を下り終えた三月二十三日、カヒルトナ氷河一帯の変わり果てた姿を目の当たりにする。連日の地吹雪が高さ70センチ前後ものサスツルギ（雪面の凹凸）を造り上げていた。これでは軽飛行機はとうてい着陸できない。パイロットのポールと交信し、着陸エリアをカヒルトナ氷河南東支流のデナリＢＣ（２２００ｍ）に変更する。結局、80キロの装備を二つに分け、ＢＣから約5キロの登り坂を一往復半した。三月二十八日の夕刻、タルキートナに降り立ち、五七日間の山旅を終えた。

＊

今回の冬季登頂を可能にしたおもな要因は、風は吹いたものの一カ月以上も降雪がなく、好天が続いたことに尽きる。わずか二日のフライト待ちのあと一月末に入山でき、登頂に至るまで荒天による停滞は合わせて一一日間しかなかった。

今年で一〇回目となった冬のアラスカ山脈登山だが、「なぜ冬のアラスカに心惹かれるのか」の真の答えをいまだに見つけられないでいる。じつはこれこそが、私が山旅を続けている理由である。もしもいつか、その「答え」が何であるかを知ったとき、私の山旅は終わるのかもしれない。

（初出：『山と溪谷』二〇〇七年七月号）

〈二〇一六年の旅〉 ハンターでの葛藤――人生初の救助

柏 澄子（山岳ライター）

二〇一六年三月三十一日。栗秋正寿は、雪洞の中でひとりぼっち、考えに考えた末の結論を出した。明日起きたら、SPOT（注1）のボタンを押して救助依頼をする。その決断どおり翌朝七時過ぎ、ボタン部分に貼っておいたダクトテープをはがし、911のボタンを押した。テープを貼った理由は、安易に救助を求めることがないようにという自分自身への戒めではない。六年前に友人に手渡されて以来、アラスカの登山に携帯しているこのSPOTは初期型であり、ザックの中で誤ってボタンが押される事故が数件報告されているからだ。前日まで考え抜いたためか、意外にも迷いはなかった。「拍子抜けするほど楽に、ボタンを押せた」と栗秋は言う。そして押した瞬間にハタと気付いた。「今日は、エイプリルフールではないか。大丈夫だろうか」。こんなちょっととぼけたユーモアを欠かさないのが、栗秋らしい。

信じられるかい、彼はまだ生きているんだよ

栗秋がアラスカと出会ったのは、二一年前、大学山岳部に在籍していたときだった。部の仲間と夏のデナリに登頂。以来、アラスカ通いを続けているが、三回目以降は冬季単独の登山となり、一九九八年デナリに、二〇〇七年フォレイカーに登頂した。ハンターは今回で九回目の試みであり、冬のアラスカに通った回数は合計一六回になる。

この栗秋独特の登山スタイルについて、かつて栗秋との座談会に出席したアルパインクライマーの増本亮は、「僕はアルパインクライミングだと思っています」と言った。冬季のアラスカは、晴れることがまれであり、雪洞にこもりじっと好機を待つ。栗秋自身、「厳冬のアラスカの山に登るなんて、虫のいい話ですよ」と言うほどであり、天候が荒れると、風速70メートル、気温マイナス50度。雪洞の外に出るのは命取り。冬のアラスカではこれを受け入れるしかない。そんな条件下、栗秋の登山はカプセルスタイルをとっている。ラッセル、ルート工作、荷上げを繰り返しながら、じわじわと進む。当然、その間に吹雪の日が再来するので、ラッセルはやり直しだ。登山期間は約二カ月半。こんな〝動き〟の登山について、増本が「アルパインクライミング」という言葉を使ったのは、そこには誰も踏み込んだことのない領域があり、それに対して栗秋が真っ向から取り組んでいるからだろう。

夏になるとデナリやハンター・ムーンフラワーバットレスを目的としたクライマーたちが、氷河にキャンプを張りにぎわう。しかし、冬のハンターには人っ子ひとりいない。冬季のアラスカ三山に取り組もうと考える人は、世界中を探しても栗秋以外見当たらない。ハンターについては、一九八〇年にアラスカのクライマーたちが登頂して以来、栗秋のほかに登ろうとする者は現われない。そんな栗秋は、タルキートナの人たちから「植村直己の旅を終わらせた男」と表現され、挙句には「He is still alive.」とまで言われた。信じられるかい、冬季アラスカ三山に繰り返し通いながら、彼はまだ生きているんだよ。あの正気の沙汰ではない世界から、毎回ちゃんと五体満足で帰ってくるんだ、という意味だろう。

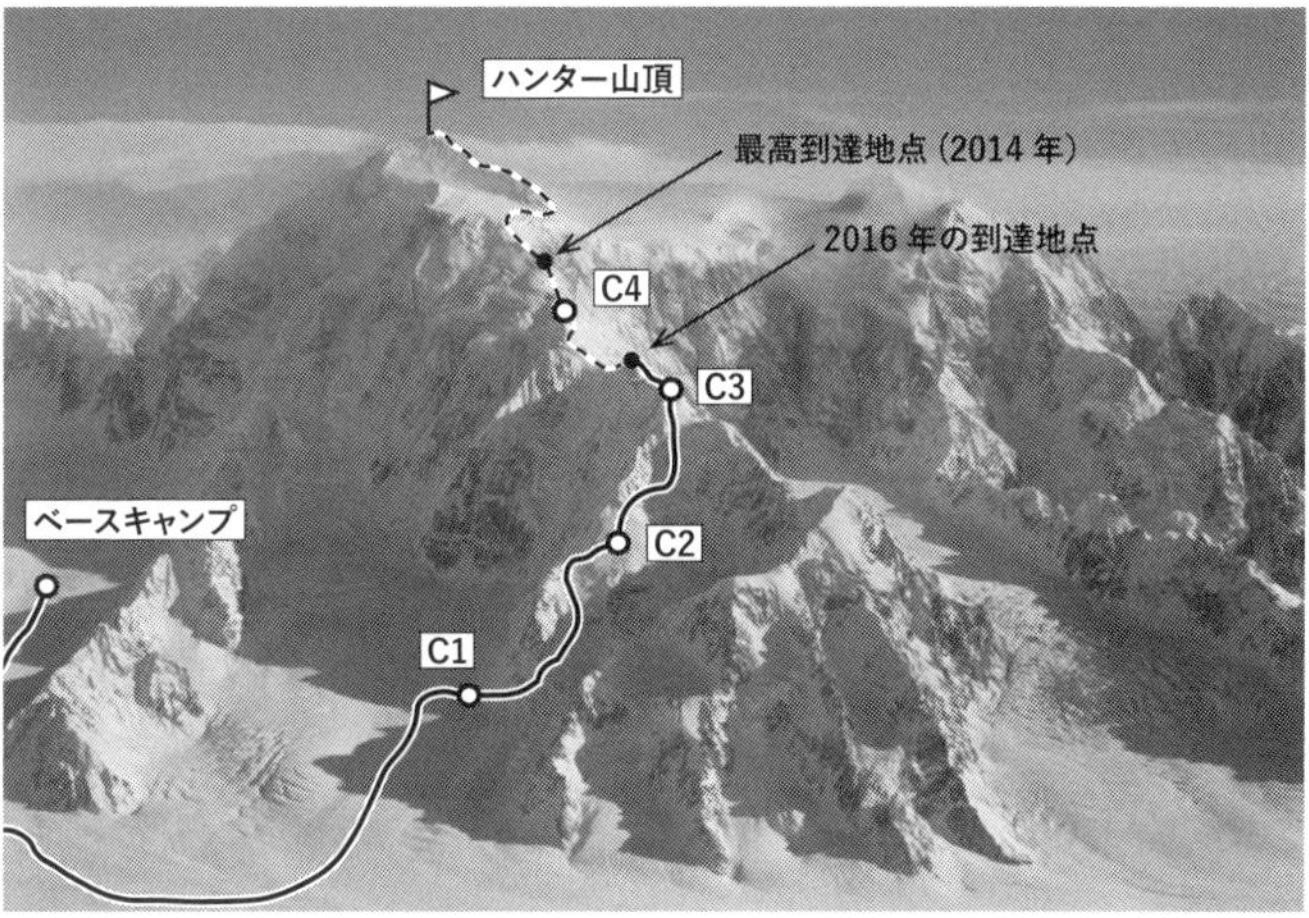

ハンター西稜の登山ルート。C2 以降は雪洞。2016 年は C3 の少し先まで到達し、引き返して C2 地点で救助された

今回の登山開始は一月二十一日。３２３０メートル地点で断念したのが三月二十三日。二カ月が経っていた。その間、Ｃ１を設営するのに、ＢＣから五往復半、Ｃ２へは一〇往復半、Ｃ３へは五往復半かけた。Ｃ２設営に要した日数はこれまでのなかで最長。順調な年は七往復半で済んでいたという。

ルートは例年通り西稜を採った。ＢＣは氷河上に設営し、西稜の取付がＣ１。栗秋の場合、Ｃ４まで延ばして山頂に至るという計画だ。アラスカ三山のなかで標高こそいちばん低いハンターが、最も困難とされている。その理由について栗秋に尋ねると、ラッセルに急峻な氷雪壁やミックス壁の登攀、上部に抜けてからのプラトーで再び苦しむラッセルなど、変化に富んでいるからだという答えが返ってきた。その変化がハンターの困難性を高めているのだが、栗秋にとってはそれこそがハンターのおもしろみのようでもある。

しかし栗秋は、食料と燃料の残量を考えると下

山するしかなかった。引き返しを決めたとき、ちょうど上空に巡回中のTAT（タルキートナ・エア・タクシー）の機体が見えた。航空機無線で呼びかけ、撤退することと、食料、燃料の残量と保管場所をパイロットのポールに伝えた。この内容はそのままタルキートナ・レンジャーステーションに伝わる。栗秋は、キャンピング装備と持てるだけの食料と燃料を持って、C2へ下山した。荷下げが必要なので四本のフィックスト・ロープは張ったままだ。この先は思惑どおりにはならなかった。雪洞に戻った二十四日の午後から天候が崩れた。確かにポールは、「嵐が来るから気をつけろ」とは言っていたが、それが長引いた。C2には食料七日分と燃料一二日分があったが、栗秋は今後のことを考え、食事量を制限した。しかし天気予報がよい場合は、翌日行動できるように前夜にしっかり食べておかなければならない。起床後に青空を確認してから補給してもエネルギー還元が間に合わないからだ。そんなことを三回したが、ことごとく天気予報が外れた。C1やC3には食料と燃料があるが、雪崩の危険が非常に大きく、動くことができない。停滞七日目にSPOTを使って救助依頼をする決意をし、翌朝発信するに至った。

SPOTは、栗秋がアラスカに住む親友から持たされたものだった。家族がある身で厳冬のアラスカ三山に入っていく友人を心配してのことだった。栗秋は持つことに抵抗を感じ、携帯しながらも「これはカンニングではないか」と悩み続けた。しかし今回の雪洞のなかでは、座談会のときの増本や黒田誠の言葉を思い出していた。「携帯したから登山が楽になるわけではなく、カンニングではない」「救助隊のリスクを減らす役割をする」「どんなにみっともないと思っても、万が一のときは押してくださいよ」「持つか持たぬか悩むのはまっとうなこと」。困難な登山だから持つというのはナンセンスであり、栗秋は全く違う次元で悩んでいた。SPOTを持たせた親友のことを、「僕のアラスカでの登山の一部となっている人」と言う。携帯を悩むことも、自分の登山を貫きながらも家族や親友との関係を尊重することもまた、栗秋の登山を構成する要素である。

救難信号発信から3時間後、レスキュープレインが雪洞上空を飛び、パイロットと交信ができた。体調、食料と燃料の残量、現場の状況に関する質問に答えた。のちに何度も飛来し、雪洞の緯度経度を正確に測った。二日は悪天のため飛行はなかった。三日、「雪洞に日が当たる十二時すぎには来るだろう」という栗秋の予想どおり、十三時近くに飛来。栗秋は、無事救助された。機窓から眺めるハンターは、いくら目を凝らしても自分が知っているハンターには見えなかった。あんなに焦がれていた山の頂が遠くに行ってしまった。

自分の登山を顧み、次へ進むための貴重な機会

「SPOTのボタンを押すのは最後。登る資格を失う」とかつて栗秋は言った。しかし、栗秋が厳冬のアラスカについて、「影の中を登っていくんですよ」と、今でも楽しそうに話すことも、私は知っている。冬のアラスカは、冬の太陽は低く位置し、山は影の部分が多い。雪山が鉄紺《てつこん》色に凍てつくなかを登っていく、ということだろうか。以前、ハンターの次はデナリ北面を登りたいと語っていた。そこはさらに日は当たらないのだから、栗秋はよほどこの世界が好きなのだろう。そして彼は、冬が終わる時期も大好きだ。高緯度の春は、極夜から白夜に向けて急勾配をつけぐいぐいとやってくる。どんどん日が高く昇り、影の世界は消え失せ、エネルギーが満ち溢れる。栗秋は春を待ちわびながら、冬の山を登っているのかもしれない。

栗秋は、「こう見えてもへこんでいるんで。惨めです」と言った。救助されることがこんなにも惨

めかと、心底味わった。栗秋は「持ち駒に詰まって救助依頼。愚かな遭難と、年報に書いてくれ」と救助隊に言った。「自分の足で降りてきていない。これは登山ではない」とも言う。まったくそのとおりだ。自分で決断し押したボタンだけれど、栗秋の登山は外界からの力によって途絶えた。栗秋はしきりに、残してきた装備の話をするが、装備だけではない。心もそのまま残してきてしまった。それを取り戻すには、再び登らなければならない。「自分の登山を顧みる尊い経験だった」と思い始めたという。きっと近いうちに、ハンターに戻っていくだろう。

やっぱり栗秋は、豊かではないか。たくさんの時間をアラスカで過ごした。親友もできた。八歳の長女は、父の帰国を安心したのか、夢の中で父より早くハンターの冬季単独サミッターになり、「三日月山（注2）よりちょっと難しかったよ」と言った。アラスカ在住の旧知の日本人が「今回のことで、アラスカの友人との信頼が増すことはあっても、損なわれることはない」と話した。栗秋はその言葉がのみ込めずにいる。好きで登った者が救助隊に余計なリスクを負わせ、信頼が深まることがあるだろうかと。しかしそれは違う。これは本人が言う通り「気象遭難」であり、まんまと罠にはまった。けれど、栗秋が山に対して不誠実であったことは一度もない。より一層アラスカンたちとの友情を深めたことだろう。

グレードや標高といった数値はわかりやすかろうが、物差しにすぎない。そこに登山の本質はない。もっと自由な発想で登る栗秋を見てほしい。吹雪の日に雪洞でハーモニカを吹くのも、やっと晴れたなかひとり黙々と登るのも、春の兆しに心躍らせるのも、栗秋が自分で手に入れた時間だ。しかもそこには、未知の世界へと一歩一歩自分を推し進めていく勇敢な姿もある。「ようやく計算できました。ハンターを登るには5週間の実行動が必要です。冬季だから停滞を入れてその約三倍の時間を使わなければなりません」「ようやくって、ちょっと遅すぎますね」と自分に突っ込みを入れるのも栗秋らしいが、彼が毎回の登山中に日記帳に書き溜める「改善するべきリスト」を実行して得た結論であり、真面目な話だ。

「登山とは、所詮登攀者本人の心の中で揺れ動き、うごめき、悶え苦しむ振幅の中に、ただそれだけにのみ、在るのではないだろうか」とは、登山家・渡辺斉の言葉だ（注3）。まさに栗秋の心の振幅の中に、彼の登山がある。

（注1） Satellite Personal Tracker――GPSによる位置情報に加えて、救難信号もしくはメッセージを、通信衛星回線を利用して発信する携帯端末。911は、アメリカの国立公園レスキュー隊に救難信号を発信する。

（注2） 栗秋の自宅ほど近くにある標高272メートルの山。栗秋は一人でトレーニング、あるいは家族とゆっくりハイキングでたびたび登る。

（注3） 一九四〇年生まれ。谷川岳や剱岳、黒部などに初登攀記録を残す登山家。記事中の言葉は、『岳人』一九九七年六月号の遠藤甲太によるインタビューに掲載。

（初出：『山と溪谷』二〇一六年七月号）

新版あとがき　アラスカ二十五年の旅

「ヘリコプターに乗れていいなぁ。でも、次（アラスカの冬山に）行ったら死ぬよ！」

二〇一六年四月、ハンター登山の途中で救助されて帰国した失意の私が、小学三年生になったばかりの長女にかけられた言葉である。父親を心配してのことであろうが、「次行ったら死ぬ」という言葉がどうしても頭から離れなかった。なぜなら、これまで留守中の長女にまつわるいくつかのエピソードがあったからだ。

二〇一四年三月、通算八度目となる前回のハンターでのこと。猛烈なブリザードで動くことができず、西稜に設けたキャンプ3（3100m）の雪洞で停滞していた。入口は一瞬にして雪が吹き溜まり、換気のための除雪が追いつかない状況だった。コンロに火をつけ、夕食のパスタを茹でていたとき、私は突然気を失った。天井に開けた換気口も雪で塞がれ、雪洞内が酸欠状態になっていたとは知るよしもなかった。燃料ボトルの残りが少なかったことや、手袋が一カ所破れていたことで指先が軽い火傷になるなど偶然が重なり、奇跡的に1時間半ほどで意識を取り戻すことができた。その頃、自宅では不思議な出来事があった。六歳になる長女が「お父さん、死んだ」と唐突に言い出したらしい。これと似たようなことは過去にもあった。

二〇一二年一月、ハンターのベースキャンプ（2200m）。マイナス40度の寒気のなか、一八日間連続でテントに閉じ込められた。当時四歳の長女がある日突然、保育園で「やまぼのり（登り）終わったよ」と言い出したのだった。帰国後に妻からこの話を聞いて登山日誌を見返すと、まさにその日に下山を決意したことが記されていた。

＊

冬のアラスカ単独行を続けていくなかで、山に対する心境の変化があったのは、父親となって初めて行った二〇〇九年、四度目のハンターを終えたときだった。妻には申し訳ないが、結婚後もそれまでと同じく「もう少し山にいたい」という思いで迎えの軽飛行機に乗り込み、ベースキャンプを後にしていた。だが、このときばかりは「こんな危険なところから一刻も早く下りて、家に帰りたい」と思った。

二〇〇八年に授かった長女の名前を、アラスカの氷河の色にちなんで蒼子《そうこ》と名づけた。それ以降、後ろ髪を引かれる思いの対象が、これまでの氷河の〝蒼《あお》〟から、福岡に残してきた〝蒼〟に入れ替わった。その思いは、二〇一一年に次女を授かったことで強くなった。次女にはオーロラの光をイメージして透子《とうこ》と名づけた。

父《パパ》になり　早く下りたい　吾に驚く

娘たちが生まれた二〇〇八年と二〇一一年のアラスカ登山は〝育児休業〟した。が、それぞれの翌年の冬には「アラスカ三部作」を完結するべく、最後に残ったハンターへ再び臨んだ。二〇一〇年は自己最長となる八三日間の入山となったが、最終キャンプの手前で断念。二〇一二年と二〇一三年は稀にみる厳冬に見舞われ、それぞれ一カ月半の入山期間のうち一〇日ほどしか行動できなかった。とりわけ、二〇一二年は気温マイナス40度の日が続き、この年だけワタリガラスが一羽も飛来しなかった。二〇一四年は入山五七日目、最終キャンプの雪洞から山頂を目指したが、標高差780メートルを残して引き返した。烈風が吹き荒れ、頂上に続く稜線には雪煙が上がり、このまま登り続けると無事に生還できないのは明らかだった。

二〇一五年はハンターを再び休んだ。アラスカの親友のハワイでの結婚式に家族で出席するためである。私の登山の一部といえる、この親友のサポートなしに冬のアラスカ登山は考えられなかった。わずか五泊七日の家族旅行だったが、朝晩涼しいフアラライ山麓の高原に宿を取り、レンタカーで島を一周するなど一月のハワイ島を満喫した。とりわけ、子どもたちはブラックサンド・ビーチの潮溜まりで泳ぐウミガメや沖で潮を噴き上げるクジラに大喜びだった。また、デナリ国立公園のレンジャーであるロビンソン夫妻の別荘にも泊まり、夫妻の案内でヒロ周辺にある海水と温水が混じる天然プールに浸かり、ハワイの温泉も堪能した。コナ・コーストのリゾートで執り行われた親友の結婚式は、アメリカ本土から約五〇人が駆けつけた、盛大なアラスカ流のウエディングだった。冬のアラスカ単独行の対極にある、もうひとつの「水平の旅」である。冬を、常夏の楽園で過ごすのも悪くないと思った。

＊

「山（自然）は意思を持たないので、異常気象などどんな理由であれレスキューされることがあれば、それは意思を持つ私のミスであり、大失態です。私の都合で重さ100キロ以上の登山装備をハンターに残してきたままです。結果論にすぎないのですが、こんなことになってしまう前に、なぜもっと早い段階で登頂をあきらめる決断をしなかったのか等々、反省すべき点が多々あります。これらのことを考える時間を山（自然）から与えられたのかもしれません。現時点ではそう思っています」

二〇一六年四月、通算九度目の冬のハンターで人生初の救助を経験した私は、関係者への下山報告をこう締めくくった。

登山の本質である自力下山ができなかったことに、私は落ち込んでいた。だが、アラスカの古い友人から「自然に対して、人はどうすることもできない。何とかしようとすること自体が思い上がりだ」と叱咤された。それは、私が今までアラスカの山から教えられてきたことであり、常に自分で口にしていたことではないか。あの状況のなかで、熟慮を重ねた末の選択がはたして正しかったかどうか、反芻《はんすう》した。自分の足で下りるという理想と、救助を要請したという現実とのギャップのなかに身を置いて、これまでとは違う心の風景のなかで日々を過ごしていた。

五月初旬、ハンターの同じルートを登ったアメリカ人の極地探検家ロニー・デュプレさんから連絡があった。救助の際、私が残してきた装備の半分以上（重さ約50キロ）を回収してくれたことを知った。実は、二〇一五年に四度目の挑戦でデナリ冬季単独登頂者（当時五十三歳）となったロニーさんとは、ベースキャンプで過去に二度会っていたのだ。彼らやレンジャーたちのおかげで、回収可能と思われた装備のほとんどが麓のタルキートナに戻り、現在はアラスカの親友が保管してくれている。救助以来、ずっと気がかりだった装備のことが解決した今、ハンターに残してきたものは自分の心だけとなった。

悶々とした日々のなかで、私の心を癒してくれたもの――それはピアノだった。娘たちが習うピアノの発表会で、先生方の連弾を聴いたのがきっかけで、三十数年ぶりにピアノを再開した。表向きは娘たちのために、内実は自分のために実家からアップライト・ピアノを持ってきた。今思えば、あの圧倒的な雪と氷の世界へいまだに戻れないでいる心の穴を埋める作業だったのかもしれない。

昨年夏の（私の）ピアノ発表会では、次女の先生と娘たちと私の計四人での連弾の他にも、猛烈なブリザードをイメージしてショパンの「革命のエチュード」（核心部は見事に自滅）、嵐のあとの静寂をイメージして「旅のはじめに」（ウォン・ウィンツァン）を弾いた。最近では、オーロラをイメージして「幻想即興曲」（ショパン）を練習したり、自作の「デナリの夕焼け」をピアノ曲にしたり、その思いとは裏腹に指が追いついていないのだが、今、ピアノを弾けることに感謝している。老後はアルピアニスト（アルピニスト＋ピアニスト）になると家族に豪語したものの、残念なことに日頃から連発しているダジャレのひとつとしかみなされていない。

＊

二〇二〇年三月、デナリ国立公園は、世界中に蔓延している新型コロナウイルスの影響により、今シーズンのデナリとフォレイカー登山の許可は下りないと発表した。日本国内でも感染拡大防止のため、今夏の富士山のすべての登山道が閉鎖されるという。このニュースを話題にした際、「外出自粛は冬山の巣ごもりと変わらない感じだね」と妻から言われた。自ら望んで赴いた末の停滞――ステイキャンプと、コロナ禍でのステイホームとでは次元が異なるが、心身ともに柔軟に保つことが大切なのは共通しているかもしれないと思った。

冬のアラスカ登山をひと言で表現するなら「山との我慢くらべ」だ。登りたいと思って登れるようなところではない。行動できるかどうかは山（自然）が決める。まさに、アラスカの自然と人から学んだ「ゴー・ウィズ・ザ・フロー（go with the flow）」という言葉がしっくりくる。〝流れに任せる〟という意味だ。長引く荒天が回復するのをじっと待ち、雪の状態が安定するのをひたすら待つ。この〝待つ〟という行為が私の登山の大部分を占めている。

「マサ（アラスカでの略称）は単独だからこそ、継続できるんじゃない？」

現地のレンジャーによると、冬のデナリに登りにくるパーティーは、仲たがいを起こしてしまうことが非常に多いという。雪洞などの閉鎖的な空間で顔を付き合わせ続けるストレスに耐えられなくなってしまうのではないかと思われる。

単独行では荷物はすべてひとりで担ぎ、ラッセルを代わってくれる人もおらず、チームに比べて体力的な負担は増える。クレバス転落などの危険もぐっと増し、トラブルに遭ったときに頼れる人もいない。ミスを犯せば即、命取りになる。実際に一九九九年、ヒドン・クレバスに15メートル転落した後、自己脱出して〝九死に一生を得る〟こともあった。なお、この事故の反省から、クレバス転落防止用のポールの長さを4・2メートルまで伸ばした。疲労困憊すると冷静な判断ができないため、一日の行動時間は6時間程度にとどめて、体力の半分を温存することに努めている。また、平常心を保つことも心がけている。停滞時はラジオで音楽を聞いたり、言葉遊びの川柳を詠んだり、ハーモニカを吹くなど、できるだけリラックスできる環境作りを行ってきた。

登る時間よりも〝待つ〟時間のほうがはるかに長い、厳冬期のアラスカ山脈。登山の成否はクライミング技術以上に生活技術がものをいう。気障《きざ》に聞こえるかもしれないが、「山の旅人」と自称する所以《ゆえん》でもある。そして本物のアルピニストの凄さを知っているからこそ、自分の位置付けとしては「山の旅人」くらいでちょうどいいと思っている。冬のアラスカ単独行は身体的には非効率的なのだが、精神的にはもしかしたら合理的なのかもしれない。

*

〈若い時代にはアラスカに行くな。人生の最後に出かけなさい〉

『旅をする木』（星野道夫・著）で紹介されている、遠い昔の旅人が残した言葉だ。アラスカには本当の自然があり、それを知ってしまうと他が色あせて見えてしまうという、アラスカの本質をつく逆説的な格言とも受け取れる。まさに、私もそれにハマってしまった若者のひとりだったのかなと、ふと思うときがある。四国よりも広い面積を誇り、誰ひとりいない冬のデナリ国立公園で数カ月に及ぶ単独行。自分で道を切り拓くラッセルや危険の判断など、登山の本質に触れることができたのは無上の幸せである。なお、ベースキャンプを除けば、これまでの冬の単独行で人に会ったのは、一九九七年のデナリ下部を下山中にすれ違った一パーティーだけである。

二五年前の夏、初めて経験したアラスカの自然のスケールの大きさや神々しさ、そして自然への畏敬の念は今でも変わらない。以来、毎年のようにアラスカ三山へ通い続け、冬の単独行に限っていえば一九九七年から合計一六回、延べ八四六日滞在した。しかし、自然というものは一度として同じ表情を見せないため、毎回新たな気付きがある。登山経験を積めば不安が和らぐかと淡い期待もあったが、冬のアラスカ山脈を知れば知るほど、ひとりの人間がまったくの無力であることを教えられる。登るたびにその姿を変え、その度に無慈悲ともいえる厳しい自然に打ちのめされてきた。だが、そこで得た反省を活かして、また挑戦したくなる。他の山に興味がないのではなく、ただアラスカがあまりにも奥が深すぎて一生かけても時間が足りない。

二〇年前の「あとがき」でもマイペースで山を楽しみたいと書いた通り、細々ながら自身で決めたテーマを持ち、自らの意志のみで行動することを実践してきた。次の目標を自由に決めたいことや山での撤退の判断を誤りたくない、言いかえれば己の心の自由を大切にしたいからである。もし、仮にスポンサー企業などからの資金援助を受けてしまうと、自身で決めた「垂直の旅の心得」である（1）生還、（2）楽しむ、（3）運が良ければ登頂、の優先順位が変わってくるかもしれない。ただ、ありがたいことに私の考えを理解してくれる、言わば無私の精神に通じるアウトドア・メーカーなどから、長年にわたってウェアやギアなどの支援を受けている。また、アラスカで出会った人との繋がりもある。現地で登山をサポートしてくれる親友たちやデナリ国立公園のレンジャーたちは、もはや私の登山の一部となっている。単独登山は登っているときは確かにひとりだが、周囲の人の支えがあってこそ実現することができる。

＊

山で一度に五合の米を平らげたこともある、大食漢を自認する私だったが、今では食べる量も育ち盛りの子どもたちにすっかり抜かれてしまった。加齢変化の老眼も入り始め、疲れも取れにくくなり、現在四十八歳の私も若さには勝てないと悟った。私の登山における体力のピークは二十歳、二十一歳くらいと自覚しているので、体力の下り坂をできる限り落とさずに、その後は経験をフル活用しながら登ってきた。ハンターから救助されたのは四十三歳のときだったが、冒険・登山・アウトドアなどの世界で厄年なるものがあるのかもしれないとも思った。例えばアラスカに所縁《ゆかり》がある方であれば、植村直己さん、星野道夫さんも享年四十三歳である。私にとって冬のアラスカ単独行とは、命を輝かせるものでもあり、最も命をすり減らす行為ともいえる。一見、矛盾しているかもしれないが、「かけがえのない生命《いのち》を大切にすること」こそ、冬のアラスカ山脈が私に教えてくれたことである。四年前の救助は、アラスカの自然からの何らかの啓示だったのかなとも思い始めている。

「自分の年齢を考えると、もう引き際かな……」とつぶやいたときの、古希を迎えた母の安堵した表情が忘れられない。一七年前の新婚旅行でルース氷河に降り立ち、デナリを初めて見た妻は、「元気に帰ってくるか、二度と帰ってこないかのどちらか」と覚悟を決めて、いつも私を送り出してくれた。果報者の私は、長年「キッチンパス（kitchen pass）」をもらうことができた。〝妻の了解を得る〟という意味だ。わが家でキッチンに立つのはおもに私なので、違和感はあるのだが、この言葉を知ったのは、結婚式を挙げた翌月にデナリ国立公園のレンジャーたちにからかわれたからだ。今冬の登山許可は下りるけれど、「キッチンパス」は持っているのか、と。最近では「キッズパス」も必要になってきた。この頃、妻は「お父さん、家守《ヤモリ》になるかもね！」と穏やかな口調で子どもたちに話している。この様子では、再び「キッチンパス」をもらうのは難しいかもしれないとも思い始めている。

＊

本書は二〇〇〇年に山と溪谷社から刊行された『アラスカ 垂直と水平の旅』に、その後として「世界初のフォレイカー冬季単独登頂」、「ハンターでの葛藤――人生初の救助」を追加したものです。二〇年前に書いたものを今読み返すと、正直気恥ずかしい思いがします。が、当時のありのままの自分を書いているので、誤った表記以外はできる限りそのまま掲載しています。

新版として復刊の機会を作ってくれた、高校の同級生でもある閑人堂の首藤閑人さん、記事の転載をご快諾くださったライターの柏澄子さん、楽譜をご高覧くださった、次女のピアノの先生でもある畠田千裕さん、私らしさを活かして装丁してくださった三村漢さんに心より感謝いたします。

私の〝分身〟ともいえる拙著を復刊できるという喜びは、大袈裟ではなく私の人生で二番目にうれしい出来事のひとつです。なお、一番目は妻に出逢えたこと、そしてかけがえのない二つの命を授かったことです。

博多湾が一望できる福岡の里山、三日月山の麓に居を構えて六回目の夏を迎えます。この三日月山に連なる立花三山（立花山、松尾山、白岳《しらたけ》）の深緑を自宅近くから日々眺めては、遠い冬の日になりつつあるアラスカ三山に想いを重ねています。

二〇二〇年八月　　栗秋正寿

栗秋正寿のアラスカ登山記録

1995年7月24日　デナリ（6190m）に河原畑健さんとウエスト・バットレスから登頂。

1996年4～6月　ハンター（4442m）とフォレイカー（5304m）単独登山。ハンターは東稜の3350m地点、フォレイカーは南東稜の3460m地点で敗退。

1997年2～3月　デナリ単独登山。ウエスト・バットレスの5240m地点で敗退。

1998年3月8日　デナリにウエスト・バットレスから単独登頂。冬季第九登、冬季単独第四登。

1999年4月3日　フォレイカーに北東稜（スルタナ稜）から単独登頂（スルタナ稜の取り付き地点にデポした、クレバス転落防止用のポール一対とスキーの片方を雪崩で失った。入山50日目の4月11日、キャンプ1から下山を開始した直後に、ヒドン・クレバスに15m転落。約2時間かけて自己脱出した。奇跡的に大腿部の打撲傷で済んだ）。

2001年3月31日　フォレイカーに南東稜から単独登頂。

2002年1～3月　フォレイカー単独登山。南東稜（南西支稜）の2590m地点で敗退（56日間の入山中、すべてのゴミと大便を持ち帰った。デナリ国立公園の登山年報で、排泄物を回収した最長記録と掲載された）。

2003年2～4月　ハンター単独登山。西稜（主稜）の2740m地点で敗退。

2004年2～3月　ハンター単独登山。西稜（北西支稜、以降同ルート）の2540m地点で敗退。

2004年4月　アラスカの友人の西山宜宏さん、斉藤徹さんとサンフォード（4949m、ランゲル山地）登山。シープ氷河の2250m地点で敗退（麓の集落チストチーナから、ボールダー・クリークとシープ・クリークの凍った川面をスキーで遡行した。白鳥、ライチョウ、カワウソやカリブーなどにも遭遇した、往復約90kmの山旅だった）。

2005年2～4月　ハンター単独登山。西稜の2300m地点で敗退（悪天候のため入山が遅れて、自己最長となる26日間のフライト待ちを経験した）。

2006年2～4月　デナリ単独登山。サウス・バットレス（ランプ・ルート）の3750m地点で敗退（デナリ南壁からの雪崩により、3540m地点にデポした登山装備の一部を失った）。

2007年3月10日　フォレイカーに南東稜から単独登頂。冬季第三登、冬季単独初登。

2009年1～3月　ハンター単独登山。西稜の2600m地点で敗退。

2009年12月～2010年3月　ハンター単独登山。西稜の3300m地点で敗退（最終キャンプとしたキャンプ4（3230m）の雪洞で16日間待ったが、荒天のため登頂チャンスはなかった。計53泊の雪洞滞在、自己最長となる83日間の入山となった）。

2011年12月～2012年1月　ハンター単独登山。西稜の2130m地点で敗退（低温の日が続き、この年だけワタリガラスが一羽も飛来しなかった）。

2013年1～3月　ハンター単独登山。西稜の2130m地点で敗退。

2014年1～4月　ハンター単独登山。西稜の3660m地点で敗退（計60泊の雪洞滞在、自己最高の到達地点となる66日間の登山となった）。

2016年1～4月　ハンター単独登山。西稜の3230m地点で敗退（下山途中のキャンプ2（2620m）で大雪に捕まり、停滞8日目の4月1日、雪崩の危険から救助を要請した。入山して74日目の4月3日、デナリ国立公園のヘリコプターで救助された）。

栗秋正寿（くりあき・まさとし）

1972年に大分県で生まれ、千葉県と福岡県で育つ。15歳で山を舞台にした映画に感動し、福岡県立修猷館高校の山岳部で山歩きを始める。九州工業大学に入学、廃部寸前だった山岳部を復興し、国内各地の山に親しむ。1995年7月に初めてアラスカを訪れ、後輩と2人で北米大陸最高峰デナリに夏季登頂。海外の山に通う生活のため、進学していた大学院を中退。1998年3月、史上最年少でデナリ冬季単独登頂（世界で4人目）。下山後、リヤカーを引いてアラスカの南北1400キロを徒歩縦断。2007年3月、世界初のフォレイカー冬季単独登頂に成功。2011年に植村直己冒険賞を受賞。20年以上、毎年のようにアラスカ三山に通い続け、冬の単独行は合計16回、延べ846日におよぶ。最後にハンターの冬季単独登頂を残したまま、家事全般を担当しながら妻、娘二人と故郷の福岡で暮らす。趣味は川柳、釣り、ハーモニカとピアノの演奏、作曲。

装丁　三村 漢（niwanoniwaデザイン事務所）
本文デザイン・組版　閑人堂

山の旅人　冬季アラスカ単独行

2020年10月18日　初版第1刷発行
2021年 2月18日　　第2刷発行

著　者　栗秋正寿
発　行　閑人堂
https://kanjindo.com/
e-mail：kanjin@kanjindo.com
印刷・製本　中央精版印刷株式会社

ISBN978-4-910149-01-1